POZO Y LINTERNA
VIVIR CON FIBROMIALGIA

Luz Gabaldón Francisco

Pozo y linterna. Vivir con fibromialgia

© Del texto: Luz Gabaldón Francisco
© De la corrección: José Luis Rodríguez-Nuñez
© De la imagen de portada: Luisa Mileva
© De esta edición: NPQ Editores
www.npqeditores.com
edicion@npqeditores.com

Primera edición: enero, 2024
Impreso en España

PEFC

Los papeles que usamos son ecológicos, libres de cloro y proceden de bosques gestionados de manera eficiente.

ISBN: 978-84-19924-46-9
Depósito legal: V-4538-2023

POZO Y LINTERNA

VIVIR CON FIBROMIALGIA

Luz Gabaldón
Francisco

FIBROMIALGIA

No nos habían presentado, pero ella vivía en mí. Poco a poco fue adueñándose de mi cuerpo sin yo saberlo. Nos caímos mal, muy mal. Nos alejamos, pero más tarde no tuve más remedio que acercarme para aceptarla y proponer unas normas. Ella no iba a mandar en mi vida, porque la protagonista de mi vida soy yo.

NOTA DE LA AUTORA

Ante todo, esta es mi historia, lo más probable es que se parezca a la tuya, aunque el desarrollo de la misma no sea igual o no tenga por qué ser igual.

Voy a nombrar medicaciones, así como profesionales médicos con los que he vivido una experiencia negativa; insisto, no tiene por qué ser tu experiencia. Y uno de los motivos por los que escribo este libro, precisamente, es porque me gustaría ayudar a la gente que empieza con un diagnóstico de fibromialgia. Pero, más allá de lo que podéis sentir en vuestro cuerpo, para que os pueda guiar en lo que sí vais a sentir en vuestro corazón y vuestra alma. Ojalá mi experiencia os sirva para que, dentro de lo posible, aceptéis cuanto antes esta enfermedad.

Somos millones de enfermos de fibromialgia, pero nuestro dolor, que es intenso e invalidante, no se puede ver. No se puede demostrar en una prueba concreta, ahí radica el principal problema.

Dicho esto, toma aire y aquí te entrego mi experiencia entre rendirme al sufrimiento o hundirme por momentos, para, con el paso del tiempo, aceptarme y lograr salir a flote. O como yo lo he sentido, caer a un pozo y encontrar linternas que dieran luz a mi oscuridad.

LUZ GABALDÓN FRANCISCO

¿QUÉ ES LA FIBROMIALGIA?

La Fibromialgia está declarada enfermedad crónica por la OMS en 1992.

La Fibromialgia (FM) es una afección crónica de etiología desconocida, caracterizada por la presencia de dolor crónico musculoesquelético generalizado, que suele coexistir con otros síntomas, fundamentalmente fatiga y problemas de sueño, pero también pueden estar presentes parestesias, rigidez articular, cefaleas, sensación de tumefacción en manos, ansiedad y depresión, problemas de concentración y memoria.

El curso natural de la FM es crónico, con fluctuaciones en la intensidad de los síntomas a lo largo del tiempo. La FM puede ocasionar importantes consecuencias en el estado de salud y la calidad de vida de la persona que la padece.

El diagnóstico de la FM es clínico, por la falta de una prueba objetiva y no se apoya, por tanto, en ninguna prueba analítica, de imagen o anatomopatológica específica.

El tratamiento de la FM es sintomático, ya que no se conoce la etiología. Los tratamientos van encaminados básicamente a disminuir el dolor y la fatiga, a mejorar el sueño y los niveles de actividad, la adaptación y calidad de vida de las y los pacientes, así como a mantener la funcionalidad e incrementar la capacidad de afrontar la enfermedad y mejorar el bienestar psicológico.

El American College of Rheumatology publicó unos criterios de clasificación:

- Historia de dolor generalizado durante, al menos, tres meses que está presente en todas las áreas siguientes: lado derecho e izquierdo del cuerpo, por encima y por debajo de la cintura y en el esqueleto axial (columna cervical, pared torácica anterior, columna dorsal o columna lumbar).

- Dolor a la presión de, al menos, 11 de los 18 puntos (nueve pares) que corresponden a áreas muy sensibles para estímulos mecánicos.

El diagnóstico de FM es clínico, no apoyándose en ninguna prueba de laboratorio ni hallazgo radiológico específico de FM.

Ministerio de Sanidad
www.sanidad.gob.es/profesionales/prestacionesSanitarias/
publicaciones/Fibromialgia.htm

En memoria de Alonso.
Todo corazón, todo amor.

ÍNDICE

1 CAPÍTULO FINAL 13

2 LOS ANTECEDENTES 19

3 INSOMNIO-ONDA ALFA 29

4 REUMATOLOGÍA, ¿FINAL DEL TRAYECTO? 39

5 DESAFIÁNDOME EL SUICIDIO 51

6 GRATITUD 61

7 EL CAMINO TORTUOSO HASTA LA ACEPTACIÓN .. 67

8 UNA VEZ LLEGA LA ACEPTACIÓN, SEGUIMOS 81

9 LA MIRADA DE AMOR DE LOS ANIMALES 87

10 APOYOS IMPRESCINDIBLES 93

11 FIBROMIALGIA Y LA «NO VIDA» LABORAL 97

12 VIVIR CON FIBROMIALGIA 103

AGRADECIMIENTOS 111

BIBLIOGRAFÍA 115

1
CAPÍTULO FINAL

«El poder está en la luz que hay en ti».
SUSI BONILLA

Diario 13 marzo 2020
Desde fuera veo cómo trato de manejarme en tu oscuridad, esa oscuridad que me hace sentir inútil, que me ahoga... es como sentir que sobre mi cuerpo alguien ha dejado caer una losa que me impide hasta respirar.

Desde fuera, viendo mi propia imagen, siento la angustia, el miedo. Solo quiero que vuelva la luz, y cuando lo hace, poco a poco desaparece la losa, vuelvo a respirar, siento que se eriza la piel como un chispazo de felicidad, porque veo como vuelvo a ser útil. Puedo moverme, soy yo otra vez. Y me reafirmo en que la luz es el poder. Y el poder de esta luz me permite borrar todo lo que sentí en tu oscuridad. Hasta la próxima, fibromialgia, aquí te espero, porque eres inevitable: llegas con tus brotes para empujarme de nuevo al pozo, pero he aprendido a tolerarte, porque cada vez que apareces y me traes oscuridad, siento nuevas fuerzas para ser capaz de encontrar la linterna que me saque de él.

Sí, sí, has leído bien, y no me he equivocado al ordenar los capítulos. He buceado por todas mis emociones y sentimientos que he ido sufriendo para llegar hasta aquí, y poder ofrecerte mi experiencia. Mostrarte el camino que a mí me llevó desde la oscuridad fría y tenebrosa a la luz más brillante que jamás vi. Te invito a este paseo para que aceptes lo que estás sufriendo día tras día, noche tras noche. Esta es la razón por la que quiero empezar por la parte final.

Permíteme que durante este viaje te hable directamente a ti, a quien necesita leer estas palabras.

¿Y qué dice la parte final?

En este momento de mi vida he aceptado que soy una enferma crónica que pertenece al grupo de las fibromiálgicas hasta que encuentren una cura. Que tengo una enfermedad que me impide hacer muchas cosas, es cierto, aunque a pesar de ella trato de encontrar otras muchas que sí puedo hacer y ser feliz, y eso es lo que importa. El camino hasta llegar a encontrar la respuesta a esta pregunta ha sido muy complicado, por momentos fue una pesadilla de la que parecía no podía despertar. Sin embargo, desperté. Busqué apoyos en los que poder impulsarme, otros llegaron de manera inesperada. Encontré herramientas en las que poder basarme para mirarme en el espejo y decirme: «Me acepto como soy». Ese «como soy» llevaba implícito que soy una enferma de fibromialgia y fatiga crónica, que mi vida ha cambiado con respecto a la familia, el trabajo, las aficiones, las amistades..., pero, a pesar de todo ello, me he fortalecido lo suficiente como para seguir hacia delante. Durante la narración de la historia irás descubriendo quiénes fueron los que realmente me ayudaron.

¿Y cómo se llega a aceptar ese nuevo «Yo soy»?

Es complicado, a mí me ha costado dos años y medio entender mi nuevo cuerpo. Con la ayuda de profesionales que me hicieron ver la realidad, llegó un momento en que entendí que no quería ni quiero darle a la fibromialgia el poder de mi vida, a pesar de que ella forme parte de la nueva Luz, ya no tengo nada que ver con la de antes, la de ahora es una mujer diferente ni mejor ni peor.

He aprendido que la fibromialgia te provoca dolores terribles cuando haces cosas simples como un movimiento imprevisto, un paseo, una carcajada que dure un determinado tiempo, un viaje en coche de veinte minutos, una ducha, los cambios de temperatura extremas bien por frío o por calor, subir o bajar escaleras, por supuesto, en mi caso, mi trabajo y un largo etcétera de cosas que son tan normales en nuestra vida diaria.

He llegado a la conclusión después de mucho sufrimiento con mi carne dolorida de que se alimenta de mis emociones: de la felicidad, la tristeza, la sorpresa, el miedo o el disgusto. Sobre todo, de la ira. Cada vez que mis emociones se agitan, llegan los temidos brotes, por lo tanto, es cuestión de saberlas manejar. La parte más importante de aceptar este «Yo soy» es la paciencia, el mirar hacia dentro y tratar de calmarme, de tomar las riendas de mi interior, pero ante todo, de mi pensamiento, para poder gestionar una enfermedad que, de momento, no tiene cura. Por lo tanto, debo ser yo quien dirija mi vida y la cambie. Solo así puedo dar pasos hacia delante, hacia una liberación de ese cuerpo que parece joven, pero se siente viejo. He caminado por una oscuridad que me asfixiaba, hasta encontrar una claridad que me ha dado fuerza para llegar a un entendimiento con la fibromialgia. El día que llega ese dolor infinito que me anula, tengo esta conversación:

—¡Vale, yo te dejo hoy permanecer en mi cuerpo!

—¿Solo hoy? —escucho una vocecilla que me responde de mala baba, porque la fibro, amable, no es.

—Sí, hoy, porque mañana me levantaré y seguiré con la vida. Despacio, sin prisas, ¡pero no te voy a dar ni más protagonismo ni más tiempo en mí!

Puede parecer una estupidez. Sin embargo, cuando te estás retorciendo por ese padecimiento que conlleva, te has quedado agarrotada, y no puedes ni siquiera respirar con facilidad, creer que mañana te levantarás es como relajarte y dejar de luchar contra ella. Porque aquí es donde yo me di cuenta que estaba el error, en la lucha. Entonces, mientras dura el brote, acepto y respiro tan profundamente como me deje, buscando la calma, buscando equilibrar mi interior en ella. A mí me funciona escuchar música relajante, me ayuda a que la desesperación vaya perdiendo fuerza. También, a veces, quejarme desde el alma, sacar hacia fuera ese sufrimiento, alejarlo. Y seguir creyendo que al día siguiente me voy a levantar. ¿Y sabes qué? Me levanto.

Por eso quiero mostrarte mi ahora: he entendido que la fibromialgia no es mi enemiga. Hoy hago las cosas despacio, a mi ritmo, sin juzgarme por cómo me encuentre. No pienso que mi vida va a ser una ruina, no, porque me levanto y agradezco poder apretar el botón de la encimera, enroscar ese día la cafetera, caminando despacio, si bien con paso firme. Me propongo seguir haciendo cosas pequeñas, y las hago. Es mi manera de reconstruirme, es saber que el poder sobre mi cuerpo y emociones lo sigo teniendo yo.

LA ACTITUD ES IMPORTANTÍSIMA. Ya sé que no es fácil si estás empezando, pero confía en mí. Cuando aprendes a vivir con la fibromialgia, eres capaz de hacer las cosas que al principio de estar sometida por el dolor no hacías. Y lo que es peor, ni siquiera intentabas, porque te habías rendido, porque la tristeza se había apoderado de ti, de mí, de todas y todos. Es normal. NO TE JUZGUES.

Voy a mostrarte como fue mi camino, mis cambios en la vida poco a poco. Y ojalá me dejes ayudarte.

Llegó un momento en el que estaba tirada en la cama y solo lloraba, me sentía una desgraciada inútil, me inundaba la ira por no poder moverme. Me encontraba en un pozo. Y, sin yo saberlo, nada más tenía que llegar a mi vida una linterna para alumbrar, para darme luz y, con ella, la posibilidad de levantarme y ACEPTAR. Sigo caminando día tras día para que mi cuerpo se active. Esa es mi realidad y la disfruto. Hay días que no puedo y me quedo en casa, no me juzgo, no me vengo abajo, sé que mañana lo volveré a intentar. Si puedo leer, leo, si me cuesta me pongo una serie o película de risa, trato de generar endorfinas para aliviar el dolor, o tan solo intento distraer mi mente para no irme de un presente desdichado a un futuro negro. Para lograrlo, la técnica del Ho'oponopono me funciona muy bien, me ayuda a mantenerme en el presente mientras borra pensamientos negativos.

Ha pasado un año desde que empecé a escribir este relato, y, si uno de esos días en los que me encontraba abatida y llorosa, me hubieran dicho que llegaría a dar diez mil pasos, me hubiera puesto a llorar de añoranza y tristeza, porque jamás imaginaba que podría hacerlo. Desde hace una semana, soy capaz de llegar a los diez mil pasos, ¡y no sabes lo bien que me hace sentir! Creo que más que si me ganara una medalla en una maratón, porque es una victoria que no esperaba.

Cada una de nosotras o nosotros tenemos un propósito que llevar adelante, sentirnos útiles, cada quien haciendo lo que le guste y pueda. Porque cada enfermo es un mundo, solo tienes que encontrar cuál es el tuyo y lanzarte a por él.

A veces quedo con alguna amiga a tomar un café, aunque es lo que más me cuesta, porque los ruidos, literalmente, aplastan mi cabeza. Si llega el momento y no puedo ir, no me juzgan, porque son amigas de verdad y, lo más importante, no me juzgo de manera dura por no poder asistir. Aquí hago un inciso: créeme, quien no entienda tu situación, bien sean amistades, compañeros de trabajo o familiares, cuanto más lejos mejor. Al principio de nuestra enfermedad lo que menos necesitas es gente tóxica a tu alrededor, porque nos afecta muchísimo. No permitas a nadie que te haga sentir mal, ni tan siquiera tú debes juzgarte; no seas duro/a contigo mismo/a, por favor. Y no permitas que nadie lo sea contigo por estar enfermo/a. A quien te entienda, te apoye y siga a tu lado, dale todo el amor, y, si ahora no hay nadie, tranquilo/a: te aseguro que llegará, siempre y cuando no te encierres en el mundo de la fibromialgia, siempre que no le des todo el poder a ella.

Cuando he quedado con alguien y he podido acudir a la cita, me rio, disfruto, hablo sin parar, escucho con atención. Sí, porque entre otras cosas mi concentración se ha ido al garete. ¡Imagina! Soy escritora y, lejos de amedrentarme, me lo tomo como un desafío al que venzo algunos días sí, otros no. Pero sigo escribiendo. Me he reinventado como escritora, y para mí es también una superación. Y sigo leyendo, aunque haya días que no recuerde qué leí la noche anterior.

Por eso he empezado por el capítulo final, para enfocar que lo importante es salir del pozo y encontrarse con un foco brillante que día a día ilumine tu vida. Porque la luz más importante y brillante que vas a encontrar eres tú misma, tú mismo.

2
LOS ANTECEDENTES

«*Nadie regresa del dolor
y permanece siendo el mismo*».
Luis Rosales

Diario 4 enero 2018 (1 año desde la primera baja)
No puedo más, no puedo vivir así. ¿Qué es lo que me pasa? ¿Por qué me acusan de cosas que no forman parte de mi realidad? ¿Por qué no me hacen caso cuando les hablo de que no puedo con el cuerpo? Que, si camino, cuando subo a casa, necesito irme directa a la cama porque parece que en cualquier momento las piernas me van a fallar. ¡Por qué nadie me escucha! Mi cabeza no es mi cabeza, no reconozco lo que pasa en mi interior. No recuerdo cosas, no sé qué hice la semana pasada, ni qué comí ayer. ¡Tendré Alzheimer y nadie se da cuenta! A veces me trabo con las palabras, ¡joder, es que no puedo ni leer, no tengo concentración, llevo dos páginas hoy del nuevo libro de Rosa Montero y soy incapaz de recordar qué sucedió en la trama cuatro páginas atrás! ¿Qué me está pasando? Estoy desesperada y no me hacen caso. Nadie. Los médicos me juzgan, no me escuchan ni valoran lo que les digo. Hoy me ha dicho mi psicólogo que si busco una incapacidad la paga es irrisoria, que no piense vivir de esa paga. ¡Me cago en...! He tenido que hacer un sobreesfuerzo humano para no levantarme de la silla y engancharle de la camisa, ¡una paga! ¿Quién está hablando de pagas? Ellos. Nadie ve mi desesperación real ¡No duermo! Tengo alucinaciones, voy al hospital y no me dicen más que tonterías, que si en el fondo estoy equilibrada y no es preocupante. Tengo que escuchar cosas que me revuelven las tripas, me siento abandonada, muerta de miedo, porque nadie sabe lo que tengo. ¿Quién en su sano juicio podría creer que yo quiero vivir así? ¡Quién! Tengo tantas cosas por hacer, novelas por escribir, es la ilusión de mi vida y hasta eso estoy

perdiendo. No quiero verme sin nada, no quiero ver el otro lado de mi corazón, está oscuro, triste y desolado como yo. ¡Solo quiero saber qué tengo y que pongan remedio! ¿O acaso me estoy muriendo y nadie lo sabe? Espera... Por eso el psiquiatra del hospital me dijo si pensaba en la muerte, quizá estoy desahuciada y... No, me lo hubieran dicho, ¡con lo que les gusta eso de que la gente se debe enterar de que se está muriendo! Pero ¿y si no lo saben? Me están demostrando que no saben lo que me pasa, ¿y si es un cáncer raro y no lo saben? Porque es que me siento morir, al menos, una parte de mí está muerta y no puedo dejar que la otra llegue a estarlo. ¿¡Qué me está pasando!? ¡Qué!

Diario 20 enero 2018

A veces solo pienso en desaparecer para siempre. ¿A esto se refería el psiquiatra del hospital? ¿Es normal que piense en la muerte? Muchas veces me asaltan las ganas de morir. De dejar de sufrir, de que pare este desconsuelo que tengo, este no soy yo, este no me reconozco cuando me miro en el espejo. Yo antes sonreía. ¿Cuándo era antes? ¿Antes exactamente de qué? De no dormir. Entonces... ¿por qué me duele todo? ¿Por qué este cansancio eterno? Sigo sin entender. Había engordado por las pastillas, pero desde hace unas semanas he empezado a adelgazar, no tengo ganas ni de comer. Soy consciente de que lo tengo que hacer, aunque mi madre me persiga y me canse... en el fondo sé que lo hace por mi bien, pero cuanta energía pierdo peleando con ella también. Sé que soy yo, ¡solo pido un poco de silencio a mi alrededor! ¡Solo necesito que desaparezca este dolor que me agota!

Y sigo sin escribir en condiciones, me obligo y acabo exasperada conmigo misma. Se me ha terminado la paciencia. Todo es una mierda.

Un día, de pronto, sin previo aviso, me di cuenta de que algo grave pasaba en mi cuerpo; algo que nadie veía, pero yo sentía. Poco a poco iba derrumbándome hacia un lugar que hasta ese momento en mi vida desconocía: un pozo frío y oscuro. Un lugar en el que estaba rodeada por el miedo, la ansiedad, la amargura... Esto me provocaba un desconcierto que no era capaz de asimilar. Durante mucho tiempo, el estrés laboral había marcado mi día a día, hasta que llegó a dominar mis noches.

Ese día ocurrió algo en mi rutina que me quebró. Era hija, hermana, amiga, compañera, recepcionista, madre gatuna, escritora... hasta que aquella tarde, rodeada de gente y un murmullo constante, algo se rompió, empujándome con fuerza a un abismo en el que me vi reflejada con una luz muy potente en plena oscuridad. Miré mi interior y descubrí que realmente era nada. Nada, nadie. Mi interior no respondía, mi mente se quedó bloqueada durante el trayecto de aquel empujón, que me hizo caer al precipicio en el que nada más existía salvo oscuridad. ¿Dónde estaba mi alma, que era la que me daba siempre luz? Ella era mi foco, mi linterna... sin embargo, aquella tarde en la que me rompí no la encontré: me había abandonado en la más angustiosa negrura.

Todo había empezado meses antes con una queja a mis allegados: «No duermo por las noches, y cuando lo hago siento que no descanso». Para que no me siguieran dando la matraca con «¡hazme caso, tómate valeriana!», me la tomé, y seguí sin dormir. Después mezclé la valeriana con la pasiflora, con no sé cuántas hierbas más que me ayudarían, sin embargo, no fue así. Había veces que estaba dos días enteros sin dormir. «¡Es imposible!» «No puedes vivir sin dormir», me decían en el trabajo. Así que tomé la decisión de no decir nada, aunque la realidad era que iba a trabajar muchas veces tras haber estado despierta cuarenta y ocho horas. Llegó un momento en que fui al médico, que empezó recetándome algo muy suave, me dijo, tan suave que para mí el Diazepam era como si nada. ¡Eso sí, los problemas en el trabajo los llevaba mejor! Me ayudaba a sonreír sin a veces saber por qué.

Unas semanas después, volví al médico porque no soportaba aquel dolor en mi cuerpo, que llevaba sufriendo algo más de un año. El doctor que me atendía por aquel entonces me dio dos posibles razones:

- Como había sido deportista muchos años, mi cuerpo me estaba pasando factura por ello.
- ¡Ya estaba en los cuarenta y cinco, edad en la que los huesos comienzan a quejarse! Era normal.

Yo sabía que esas dos razones no eran ciertas. Conocía mi cuerpo después de tantos años de hacer deporte y sabía perfectamente el malestar que me provocaban antiguas lesiones. Lo que me estaba ocurriendo era totalmente diferente. Era un dolor y agotamiento agudo.

Mi fisioterapeuta, al que me veía obligada a acudir cada vez con mayor frecuencia por el sufrimiento desesperante que sentía en la espalda, luchaba contra mis contracturas con todo lo que tenía a su alcance, si bien a las pocas horas mi cuerpo resentido se quejaba el doble y cada vez me dejaba peor, hasta que decidí dejar de ir.

Un día me levanté de la cama y, al caminar, la rodilla me provocó un dolor tan fuerte que tuve que ir a urgencias. Me hicieron radiografías, pero no salió nada. Me vendaron la pierna y con una muleta me fui a trabajar. No tenían ni idea de la procedencia de aquella dolencia puntual.

Poco después fue la muñeca: traté de coger a mi gato que se caía de la estantería y me provocó un esguince, «es normal por el movimiento que has hecho», me dijeron. Respondí que ese mismo dolor no me era extraño, porque lo tenía muchas veces sin necesidad de hacer ningún movimiento forzado. Me miraron con cierto desdén, esa mirada de los médicos que se traduce en: ¡qué sabrás tú! Me hicieron una radiografía, obviamente no salió nada. Infinidad de veces tuve que llevar muñequeras especiales, porque debido a mi trabajo con movimientos repetitivos, volvía a tener aquel mismo dolor que me habían diagnosticado como esguince por exceso de celo de madre gatuna.

Incluso cuando tuve una neuralgia del trigémino, un trastorno nervioso que causa un dolor punzante en partes de la cara, uno de los peores dolores que he sentido, me aseguraron que había sido por dormirme con el aire acondicionado puesto, «eso es malísimo». Creí morirme, rogué morir. Mis padres tuvieron que vigilarme las 24 horas del día, y bajarme la persiana de mi habitación, por prescripción de mi médico de cabecera. Siempre recordaré a mi abuela, sentada en el sillón junto a mí, llorando en silencio ante cada uno de mis gritos desesperados, rezando a su mareta para que me ayudara a calmar aquel desesperante sufrimiento.

También estaban las jaquecas, de broma siempre decía: «herencia de mi abuela, que no tenía dinero, pero sí infinidad de jaquecas». A veces iba a trabajar con ellas y la gente me veía con tan mala cara que me decían que no entendían cómo podía estar allí. Estaba acostumbrada, aunque me pasaba las tardes a punto de llorar. Nadie sabía darme remedio para ellas, y al final, tras algunos estudios, llegaron a la conclusión de que eran herencia genética, agravadas por situaciones de estrés en mi trabajo.

Precisamente en el trabajo, tuve la ayuda inestimable de mi compañera y amiga Silvia. En el trayecto hasta llegar al centro, tenía que recorrer un camino corto desde mi casa para coger el autobús, escasos diez minutos, que los solía hacer a buen ritmo, hasta que un día comenzó a dolerme un músculo que no sabía ni que existía, el sartorio. Este músculo se localiza desde la parte interna de la pelvis hasta la zona de la rodilla. Es decir, que tiene un recorrido que atraviesa cada miembro inferior. Por lo tanto, tiene funciones relacionadas con la flexión de la pierna. Fue mi pesadilla durante un par de años: debía bajar la rapidez de mis pasos, incluso detenerme, porque me impedía andar. Aquello fue el detonante que hizo saltar mis alarmas, también las de Silvia. Porque cada día que llegaba al trabajo, le decía lo que me iba sucediendo.

Y lo que me sucedía fue que empecé con un dolor de hombro insoportable que me llegaba hasta los dedos de la mano. Otro día no podía apoyar los tobillos en la cama por los insistentes pinchazos que sufría. Al principio, Silvia lo achacaba a no descansar, unido al estrés del trabajo, y me recomendaba ejercicios de estiramientos para los hombros, cuello... Sin embargo, nada me calmaba, hasta que un día, de pronto, el dolor se diluía solo para aparecer días más tarde con mayor fuerza. Fue la primera que me recomendó ir al médico, porque lo que estaba sufriendo no era normal, tenía que hablar seriamente con ellos. Empezaba a preocuparle la intensidad de mi dolor, pues apenas podía rozarme. Día sí, día también, me bajaba hielo a mi puesto de trabajo para tratar de calmar, sobre todo, mis dolores de rodillas. Fue la primera que me nombró la fibromialgia, pero yo rápidamente la borré de mi cabeza. Reconozco que me aguantó en mi peor momento y le agradezco su ayuda, que a pesar de que, como ella decía, no era efectiva, ya que cada día me veía peor, con el paso del tiempo se demostró que los ejercicios de entonces son los que hoy me ayudan cuando he tenido que reincorporarme nuevamente al trabajo. Pero más allá de sus recomendaciones, muy importantes, lo que realmente me ayudó y me sigue ayudando a día de hoy es su comprensión y apoyo. Ella es una de las maravillosas luces que me guían en el camino.

A pesar de todos estos padecimientos, en los que te reconoces yo seguía en una huida hacia delante desesperada. Decidí, además, hacerme voluntaria en la Protectora de Animales. Iba a limpiar una gatera los días que libraba de mi trabajo, ilusionada, con ganas y, fuerza. A veces me decía que estar con aquellos seres desgraciados me igualaba a ellos. Me sentía tan mal que compartir palabras, risas, caricias con ellos me ayudaba a sanar un poco mi propia herida, quiero creer que yo les ayudé de la misma manera. Sin embargo, al llegar a casa, apenas podía comer, pues mi cuerpo dolorido se quejaba de manera tan insistente que necesitaba tomarme un calmante y meterme en la cama buscando el descanso. Si bien es cierto que ni así encontraba alivio. A veces, incluso al contrario: el dolor se acentuaba tanto, que hasta girarme de un lado a otro era una tortura.

Todo esto que te cuento fue la explicación que le di a mi nueva médica de cabecera, que me hizo una analítica por si sufría reuma, además de recetarme otra pastilla algo más fuerte, llamada Deprax. Eso me iría bien para dormir. También me dio la baja, quería que estuviera un par de semanas relajada para reconducir el sueño, porque me quejé amargamente de que había algo que me preocupaba casi con una fijación obsesiva me sentaba a escribir o en mi trabajo y no podía concentrarme, no recordaba palabras, se me olvidaban nombres... a veces parecía que tenía como una laguna en mi mente, me imaginaba cruzando una espesa niebla en busca de la palabra que necesitaba, escondida en un bosque frondoso.

—Si no descansas todo lo que te pasa es normal.

Lo dijo con tal convencimiento que me lo creí, claro. Me vi volviendo a ser yo en dos semanas, y salí más tranquila de la consulta.

Muy lejos de lo que ella esperaba, comencé a vivir en un mundo paralelo al real. Por aquel entonces, necesité hacer algo para no sentirme una inútil por no trabajar, así que cosí camas para los animales de la protectora. No sabía coser, aunque aprendí a base de explicaciones de mi madre, pues necesitaba estar ocupada en algo que no supusiera un esfuerzo mental. Estaba sola en la habitación, buscando el máximo silencio posible, porque empezó a afectarme de una manera desbordante la situación que vivía en mi trabajo, por el ruido que formaban las personas hablando sin parar. Por esa razón, desde el primer día de mi baja, me encerré en la habitación con el único compañero que anhelaba: el silencio. Sobre la mesa que hacía función de escritorio y comedor —porque durante semanas no salí de allí—, había todo tipo de hilos, agujas, guata, telas... Un día, entre todo ello, pasó mi gata Dana, aunque estaba muerta desde hacía cinco años. No quise asustarme, sería algo pasajero. Por las noches, cuando ya estaba en la cama, escuchaba como si un avión estuviera dentro de mi habitación, preparado para despegar. Terminé en urgencias tras tres noches y cuatro días así sin dormir. Mi doctora, ante las alucinaciones que le conté y verme como me vio, se asustó, y quiso que me viera un psiquiatra.

El psiquiatra me hizo mil y una preguntas, y a todas las respondí con agilidad —según él—; parecía tener bastante claro qué era la realidad y qué fantasía. Me preguntó si además tomaba algún tipo de sustancia y la había mezclado con las pastillas. ¿Quería tener claro que no era drogadicta o pretendía acusarme de serlo? Por su insistencia me hizo sentir más probable la segunda posibilidad. Le dije que con la pastilla que me tomaba por la noche, que, supuestamente, me iba a hacer dormir, estaba allí tras tres días seguidos sin lograrlo. Me preguntó a qué creía que era debido lo que me ocurría.

—Mi trabajo, el estrés que me genera.

Respondí con total franqueza y definí el trabajo de una recepcionista de una residencia de ancianos. Cuando acabé, sonrió de lado algo sorprendido y, aquel hombre bajito con gafas y pelo despeinado que le daba un aire a Jerry Lewis en el «Profesor Chiflado», me dijo:

—Pensé que las recepcionistas solo atendíais al teléfono y abríais la puerta.

—Lo sé, ese pensamiento lo tiene mucha gente. Pero ¡ya ve! Hacemos mil cosas: nos convertimos en comerciales, administrativas, psicólogas... y saco de boxeo en el que dejar los remordimientos de algunos antes de cruzar la puerta para marcharse.

Salí de allí con nueva medicación. Más pastillas, y un informe para mi médica de cabecera con la solicitud de que me derivaran a salud mental. Una pregunta me erizó la piel:

—¿Piensas en la muerte?

En ese momento, no. Recuerdo que solo quería dormir, si dormía todo volvería a la normalidad, trabajaría con concentración, escribiría con soltura, recordaría los nombres de los personajes, también el de los ancianos y sus familiares de mi trabajo. Así como el dolor en mi cuerpo desaparecería. ¿Por qué pensar en la muerte? ¡Con la de cosas que me quedaban por hacer!

El primer día que llegué a salud mental, la psiquiatra que me atendió fue una chica jovencita, recién graduada en la universidad. Me escuchó mientras me miraba muy fijamente. Le dije que además de la presión de mi trabajo, con la que ya no podía, estaba el daño en mi cuerpo y el agotamiento que me perseguía. Las pruebas de reuma habían dado negativas; sin embargo, yo no soportaba el dolor en la zona lumbar, dorsal y más específicamente, en los hombros. Como respuesta me dio más medicación para dormir, para la depresión y un relajante muscular.

Así podría ir enumerando pastillas de todos los colores y formas, aunque nada me hacía efecto. A los seis meses me pasaron a la visita de la psiquiatra jefa. Yo le contaba que no dormía o le explicaba los efectos que causaban en mí cada una de las pastillas que me habían recetado. Ella me respondía, a veces tras un bostezo, con voz pausada pero no por eso menos hiriente:

—¡Lees el prospecto de cada pastilla que te doy, está claro que eres hipocondríaca! Crees que todo eso que pone te pasa a ti. Para mí no tienes nada más que una somatización de enfermedades y síntomas de los que se prescriben.

Me quedé mirándola, porque me dejó tan afectada que no acerté con las palabras que se bloquearon en mi cabeza. Era como si se hubiera cerrado una compuerta y una tras otra fueran agolpándose, incapaces de salir para decirle a la señora psiquiatra que jamás leo un prospecto. La reacción de esta doctora me afectó muchísimo, tanto que me sentí juzgada por primera vez por quien se suponía debía entenderme, apoyarme y ayudarme dentro del sistema de salud.

A partir de ahí, todo se fue enredando más. Además de la psiquiatra, me derivaron también a un psicólogo que me insistía que tenía que ir a trabajar, que así se me iría el insomnio, porque llegaría cansada a casa. Que debía hacer ejercicio, porque mi cuerpo se estaba acostumbrando a no hacer nada. Si le decía que no podía hacerlo, él me insistía en esforzarme más, y eso me llevó a sentirme culpable, porque por mucho que lo intentaba no podía, el dolor se hacía insoportable. Fue el inicio del bucle de sentirme culpable de mi estado, algo que viví en salud mental. Él me insistía en no encerrarme en mi habitación y salir a divertirme. Si le explicaba que por mucho que quería salir era imposible por el cansancio que sentía o que mi cerebro no soportaba el ruido, me respondía que así no podía estar, que tenía que volver a trabajar, y esforzarme más. Cuando le insistía, a veces llorando, que necesitaba silencio, me aseguraba que eso era la depresión. Si le rebatía que no tenía depresión, nada más que el ruido me rompía el cerebro por la mitad, subía los ojos hacia el techo, como si lo que acabara de decir fuera un invento mío.

Al final tiré a la basura un año de mi vida entre pastillas, consejos vacíos de mi realidad y acusaciones de inventarme dolores e insomnio para no trabajar. En pocas palabras fui acusada de ser:

- Una vaga histérica que buscaba una paga para no dar golpe en la vida.

¿Te suena? ¿Te reconoces? Diferentes palabras, quizá, diferentes situaciones, pero finalmente el mismo resultado, o al menos así me sentí yo. Juzgada por personas que no pusieron interés por mí.

3
INSOMNIO-ONDA ALFA

«El insomnio es una lucidez vertiginosa
que puede convertir el paraíso
en un lugar de tortura».
EMIL CIORAN

Diario 21 marzo 2018

Hace una semana que me diagnosticaron el insomnio crónico. Creo
que aún no he reaccionado, no hay nada que me ayude a dormir. La
doctora Enriqueta me habló de las terapias alternativas, hablaré con
Lourdes: si puede ayudar a mi gato, podrá ayudarme a mí. Vamos...
es que lo de la fibromialgia ni me lo planteo, imposible. Me niego a
sufrir esa enfermedad que tanto destruye. Vale que me duele el cuer-
po, pero... esa enfermedad no puede pasarme a mí tan joven. Seguro
que hay un error. ¡Qué voy a hacer sin dormir! No sé meditar, llevo
un tiempo intentándolo y no consigo calmarme. Además, los paseos
cada vez los tengo que hacer más cortos. No sé... estoy perdida. Ahora
mismo me siento perdida. Solo quiero dormir, por favor. Solo dormir.

Como he comentado, en el centro de salud mental, tanto la
psiquiatra como el psicólogo, echaron un año de mi vida por
tierra. Más grave fue el trato que recibí de la psiquiatra, pues
cada vez que iba me sentía peor, y en lugar de una médica se
convirtió en jueza. Durante los últimos seis meses del año 2017
le sugerí que me hiciera una prueba del sueño, como me indicó
mi médica de cabecera, ya que nada me hacía efecto para conseguir conciliarlo. Como respuesta obtuve una negación absoluta ya que según ella:

—Nada de lo que esa prueba diga será eficaz para el insomnio,
porque tu problema es ser hipocondríaca y no asumirlo.

Como escribí en el diario, estaba empezando a abandonarme, a dejarme ir. A rendirme. Tal era el grado de mi desesperación. Tenía el ejemplo de superación de mis abuelas, cuando me hablaban de lo que habían vivido en la guerra, los malos tratos que recibió mi abuela paterna, o la vida de mi abuela materna luchando por sacar adelante a sus cinco hijos. En el fondo de mi alma existía un pensamiento: no defraudarlas. Desde que murieron, siempre me he sentido empujada a seguir su estela, la de luchar y levantarme cada vez que me caía. Lo he hecho muchas veces cuando las cosas han ido mal, y cuando las cosas han ido bien les he regalado la mejor de mis sonrisas, mirando al interior de mi alma. Siempre lo lograba cuando mi cuerpo me respondía. El problema en aquel momento era que me había rendido, porque mi cuerpo no me ayudaba; además, sentía que estaría decepcionándolas por mi estado de apatía total. Puede parecer muy extraño, aunque más tarde te contaré como aquellos pensamientos hacia ellas me ayudaron a mantenerme viva.

En ese espacio de tiempo, los médicos habían decidido que:

- Era un número más de historia a quien recetar pastillas y más pastillas, porque estaba en un círculo vicioso que yo misma me había creado: no dormir. Eso me restaba fuerzas, por lo tanto me deprimía. En resumen, lo que estaba buscando con mi actitud era no trabajar.

Los primeros seis meses me dejé las fuerzas repitiendo, una y otra vez, que yo no tenía depresión, sabía muy bien qué era tenerla. En ese entonces, lo único que inundaba mi interior era la DESESPERACIÓN ante su manera de actuar. Con ella, al año de comenzar mi calvario ya habían logrado que me sintiera depresiva. Entonces sí, porque veía que nadie me hacía caso ante el dolor intenso del cuerpo que acompañaba mi insomnio. Sentía que era como predicar en el desierto.

Pero, de repente —un de repente de esos que la vida, Dios o el universo te regala—, ocurrió. Una amiga, a la que quiero presentar en este libro como la primera y más maravillosa linterna, me indicó el camino para comenzar a salir del pozo. Ojalá puedas tener esa linterna cuando seas principiante con la fibromialgia, para poder coger impulso y salir hacia delante. Como te decía, esta amiga un día me vio y me encontró tan mal que se dispuso a ayudarme. Le expliqué cómo me encontraba anímica y físicamente, lo que estaba sufriendo sin dormir, y los dolores que me acarreaba no descansar. Cuando una persona, que también es médico, te está mirando a los ojos y ves reflejada en ellos la misma incomprensión que tienes tú, esa empatía te da una calma que no sabes explicar, aunque no te cure o no te provoque un subidón en la depresión. Solo sientes tal gratitud en la oscuridad en la que te encuentras, que una luz que nace en tu interior te hace sentir la necesidad de abrazar con fuerza a esa persona.

¿En qué lugar me encontró?

Estaba en el pozo, hundida, en la máxima oscuridad, entregada a mi mayor desconcierto, sin ver siquiera una pequeña luz que me invitara a salir. A veces, de pura desesperación, trataba de ponerme en pie, con las manos palpaba las paredes para ver si había algo que me pudiera ayudar, aunque reconozco que eran los menos días. Sin embargo, cuando ella se asomó a ese pozo que bien podría ser mi alma, lo hizo mostrándome una luz para que pudiera comenzar a caminar, a encontrar la salida. Sus palabras de comprensión por lo que estaba pasando y de incomprensión ante cómo se estaba actuando conmigo, fueron un impulso que me alumbraba los peldaños para ir subiendo. Su apoyo me dio la fuerza suficiente para poder llegar arriba, coger su mano para tomar impulso y saltar a una nueva oportunidad de volver a vivir.

Ella me dio la clave: la prueba del sueño, esa misma clave de mi médica de cabecera y que yo le había dado a mi psiquiatra y ella como jueza había refutado sin siquiera valorarla. Algo así como si diera un golpe con el martillo al tiempo que decía «¡no se admiten más pruebas! Eres culpable».

Desde que salí del pozo con su ayuda, me vi en otro mundo, el mundo de la Neurofisiología, para mí desconocido. No fue fácil, pero finalmente, llegué.

El día de la primera visita, seguro que te vas a reconocer en mí: me temblaban las manos, tenía palpitaciones, sudaba, aunque no hacía calor. En mi mente tan solo rondaba una pregunta: ¿y si esa doctora era como los demás? ¿Y si no me escuchaba? Esos «Y si» terribles, que se apoderan de ti cuando tienes miedo a volver a ser juzgada. La idea de que pudiera actuar como el resto de médicos me hacía tener un pavor terrible, me sentía indefensa, allí sola en una gran sala de espera, sentada con un papel entre mis manos, esperando a que apareciera mi número en la televisión que estaba colgada en la pared. Suspiré tantas veces, que casi dejé a los pocos pacientes que había a mi lado sin oxígeno. La espera se me hizo eterna. Por fin, tras un leve pitido, llegó mi turno.

Recuerdo que abrí la puerta con temor, al sentarme le di sin querer una patada a la silla haciendo un ruido importante. Le pedí disculpas a la médica que, ante mi reacción, me sonrió. Esa sonrisa sin una palabra se llevó mi miedo. La doctora Enriqueta me miraba con cercanía, me transmitió empatía con tan solo una mirada y una sonrisa. Su rostro amable provocó en mí que pudiera respirar hondo, y fue ese aire que salió de mi interior el que se llevó el miedo a ser incomprendida lejos de la consulta y de mí. Incluso, parecía esperar ese suspiro para que me tranquilizara, me dio unos segundos mirándome con calma. Me dijo que le explicara mi caso, pero antes de hablar saqué la botella de agua, porque seguía con mis problemas de sequedad de garganta y boca, necesité beber con cierta ansia para responder a su pregunta. Le mostré la medicación que me habían dado durante un año:

Diazepam 5 mg Deprax 100 mg Paroxetina 20 mg Mianserina 30 mg Rocoz 100 mg Zolpidem 10 mg Duloxetina 60 mg Tryptizol 25 mg Rexer 15 mg Zolafren 5 mg...

La miró, arqueó las cejas perpleja y entonces me pidió que le explicara cómo me sentía mientras deslizaba a un lado la nota. Ante su pregunta rompí a llorar. Creo que no se puede explicar mejor la impotencia y el miedo que cuando se te quiebra la voz y el llanto se apodera de ti.

Aquella mujer, que me miraba siempre a los ojos y me trasmitía una confianza total, me explicó su impresión de mi caso. Sobre todo, me insistió en que quizá había pasado demasiado tiempo en una situación de insomnio que no se podía reconducir. Íbamos a hacer todo lo que pudiéramos para lograrlo, pero había posibilidades de que, a pesar de lo duro del viaje que me iba a proponer, no sirviera. Incluso me comentó que había gente que abandonaba las pruebas. Yo suspiré, porque me estaba ahogando por la ansiedad que supuso escuchar que existía una posibilidad de pasarme el resto de mis días como estaba en ese instante. Le expliqué aquel sentir, además de comprometerme con ella a seguir hasta el final. Volvió a sonreírme y a decirme que confiaba en que lo lograría.

Antes de empezar con la metodología, me había comentado el impacto de no dormir en la vida de una persona; como anécdota, me dijo que se utilizaba como una de las torturas militares que se aplicaban a prisioneros de guerra. Lo entendí perfectamente, aunque aún estaba muy lejos de la verdad. Me dio los primeros diarios del sueño en los que tenía que reflejar la hora en la que me acostaba, las horas que dormía y las que estaba despierta. Y me recomendó dejar la medicación y mantener el poco ejercicio que podía hacer. Siguiendo sus pautas, al dejar el tratamiento que llevaba también dejé de tener visiones, ya no aparecieron las desagradables parálisis del sueño si lograba dormir y dejé de escuchar la voz que me llamaba en medio de la noche.

Hice los diarios del sueño durante un par de semanas, y cuando mi doctora los vio la dejaron preocupada. Mis datos eran realmente malos. En una nueva consulta, me explicó en qué consistía la tortura militar a los prisioneros: no dejarles dormir, no hay nada mejor como desgaste emocional. Y me aplicó el tratamiento cognitivo conductual del que me había hablado, empezando con la terapia de restricción de tiempo de estar en la cama con control de estímulos, así como con las cogniciones. Esto se traducía a que no podía estar en la cama despierta más de diez minutos, solo podía usar la cama para dormir. Con el paso de los días, me vi reflejada en aquellos prisioneros de guerra que me nombró.

Además, también entendí que hubiera gente que no pudiera llevarla a cabo. Al empezar aquel tratamiento, se despertó en mí un insistente dolor, que comenzaba por los tobillos, recorría las rodillas en la parte interna, las caderas, la espalda, y llegaba hasta la nuca; tenía calambres en los pies y las piernas se movían solas. Me pasaba noches enteras sin dormir, paseando o sentada en una silla. Durante el transcurso de la técnica no podía dormir al medio día y debía estar en movimiento. Sin embargo, a pesar de moverme, empecé a tener una rigidez en mi cuerpo que me asustaba. Cada semana que acudía a la consulta, iba retrasando la hora de acostarme, y llegué hasta las cuatro de la mañana sentada, leyendo, aunque mi mente no retenía nada. No podía escribir, porque la concentración había desaparecido en mi cabeza. Cuando le expliqué todo esto, puso gesto de saber qué me estaba pasando. Lo tuvo tan claro, que gracias a un hueco de una persona que no fue a hacerse la polisomnografía, me adelantaron la prueba que consiste en estudiar los ciclos y fases del sueño, así como las diversas alteraciones tales como la respiración, el ritmo cardíaco, la actividad cerebral y muscular. Yo lo agradecí con toda mi alma, pensando que arrojaría la solución que necesitaba para recuperar mi vida.

Fui con la esperanza de que la médica encontrara, entre aquellos cables que me pusieron, qué era el causante de mi insomnio y pudiéramos acabar con él. En aquella habitación pequeña, fría y oscura, llegó a mi mente una fotografía que mis padres tienen colgada en la pared de mi cuarto: ahí está la Mª Luz niña de tres o cuatro años, con el típico vestido de los años setenta, bordado a mano con punto de smock, con una pulserita que ponía mi nombre, y un perro parecido a Plutón a mis pies. Aquella fotografía me trasladó un pensamiento tan triste como era mi vida en esos instantes. Si esa niña del pasado pudiera ver a la mujer del presente sumida en el peor momento de su vida, le podría preguntar: ¿de verdad quieres crecer?

Una semana después debía llegar la cita para darme el resultado; me mordí todas las uñas de los dedos hasta que me llamó la doctora a su consulta. No sé por qué había algo en mí que me decía que yo tenía razón y lo que fuera que ocurría en mi cuerpo era más grave que el insomnio. Al pasar, y ver el rostro de la doctora Enriqueta, temí que había acertado. Me habló con esa cercanía de quien quiere abrazarte ante la noticia que debe darte. Tomó aire, ladeó un tanto su cabeza, pero siguió mirándome a los ojos para poner el nombre sobre la mesa que precipitaba todo lo que iba a ocurrir después:

ONDA ALFA

Me explicó sobre un papel todo lo que debía saber de las distintas ondas del cerebro, y sobre todo, me trasladó con voz queda el resultado final del estudio, que me dejó perpleja:

- «La presencia de actividad alfa en las fases del sueño NREM es un hallazgo inusual de la toma de BZD y en ocasiones está relacionado con problemas reumatológicos».

La miré fijamente. Se percató que me había quedado con las dos palabras referentes a problemas reumatológicos. Suspiró, mostrando una expresión de tristeza para decirme que no podía hacer mucho más por mí, el insomnio se había hecho crónico, y me recomendaba que fuera al reumatólogo para descartar posible fibromialgia o fatiga crónica, tal y como le mostraba la prueba que me había hecho. Pero, sobre todo, porque yo insistía en los dolores osteoarticulares y musculares. Me recomendó llevar una vida lo más tranquila posible, así como hacer meditación, y tomar melatonina. Me alertó para no tomar ningún fármaco hipnótico, puesto que esa onda alfa provocaba que se manifestaran en mí las reacciones adversas a ese tipo de medicación. Me sugirió también recurrir a tratamientos naturales.

Debí darle tanta lástima por como reaccioné, que, a pesar de no poderme ayudar, me dio otra cita para volver en un año y saber cómo iba mi vida. Sobre todo, me dijo algo importante: «Tienes que tener fuerza mental y confiar en ti». No pude responderle, en ese instante mi mundo se había venido abajo. Aunque con el paso del tiempo, agradecí haber tenido a la doctora Enriqueta y aquellas palabras que después sí me ayudaron.

Eran demasiadas malas noticias en poco tiempo y me bloqueé. Me bloqueé tanto que me olvidé de la posible enfermedad reumatológica. Cuando bajé a la calle, llamé a mi amiga, Sonia, que es sanitaria también. Quizá ella podría entender mejor que yo el insomnio crónico sin tratamiento y pudiera ayudarme, pues la única esperanza que me quedaba era optar por otra clase de alternativas a la medicina, en las cuales me costaba creer. Si cierro los ojos, recuerdo que estaba parada hablando con ella entre un coche blanco y uno rojo, a dos pasos de mi coche azul, mientras escuchaba por el auricular del teléfono su voz insistiéndome con preocupación, «tienes que ir cuanto antes a que te vean en Reumatología». A mí eso no me importaba, yo solo le decía alterada: «¡Que la doctora me ha dicho que el insomnio es crónico! ¡Que no voy a dormir bien nunca más! ¡Que voy a sentirme así como me siento, porque todo lo que tengo es por el insomnio!». Me sacó su voz fuerte que vino a rescatarme de aquellos pensamientos que me estaban torturando. Me sacudió todo el cuerpo al decirme «tienes que descartar la fibromialgia, que eso sí es grave». ¿Sabes cuál fue mi respuesta?

—Yo no tengo eso. Imposible, todo lo que siento en mi cuerpo es por no dormir.

—¡Ve al médico! —insistió.

—¡Iré, pero yo no tengo fibromialgia!

Colgué, me metí en la soledad de mi pequeño Polo, me quedé mirando el volante negro ante la blancura del edificio. Tras unos segundos, rompí a llorar de un modo que me asusté, sintiendo que tendría que ir a urgencias allí mismo. Luchando entre mis lágrimas se coló mi voz repleta de pesar, susurrando en la máxima soledad:

—No, yo no tengo fibromialgia, eso no me puede pasar a mí.

Eran los pensamientos que acompañaban a las cataratas que formaron mis lágrimas. Allí mismo, entre hipos brutales, le escribí un mensaje a Teresa y le expliqué el resultado de la prueba. Cuando me contestó, noté que también se había quedado como yo; además, me mostró su preocupación y decepción por no haberme podido ayudar a solucionar el problema del insomnio, aunque también me animó a ir al reumatólogo, al menos para saber qué era lo que me estaba sucediendo. Me insistía en la necesidad de poner nombre a lo que fuera había invadido mi cuerpo y mi mente. A pesar de su decepción en ese instante, ella me ayudó mucho más de lo que podía imaginar. Espero que después de mucho tiempo, tal y como le puse en la dedicatoria de uno de mis libros, sepa que fue la primera luz que me sacó de mi total oscuridad. Gracias a Teresa hoy puedo decir que estoy aquí aceptando mi enfermedad, y que siempre estaré en deuda con ella por creerme cuando nadie lo hizo.

4
REUMATOLOGÍA, ¿FINAL DEL TRAYECTO?

«El dolor no es parte de la vida,
se puede convertir en la vida misma».
FRIDA KAHLO

Diario 26 julio 2018
Enferma crónica. No hay cura. Y además, no solo es dolor. Es fatiga, niebla mental, insomnio, palpitaciones con dolores en la zona del corazón, sequedad de ojos y boca, dolor vaginal, impacto psicológico... No, no, no quiero ver todos los dolores, los síntomas que voy a tener, simplemente, NO QUIERO. No quiero vivir así. Me niego por mucho que me hayan recomendado leer este libro, no soporto hacerlo, ver cómo será mi futuro, sentirme como narra. No. No lo acepto, no acepto esta maldita enfermedad.

Una vez con el informe de la unidad del sueño, solicité cita con mi médica de cabecera. A partir de aquí, tuve que enfrentar otro reto mayor de los que habían surgido. Pero antes de empezar a relatar esa aventura, te quiero decir algo:

- Por muchas veces que te digan NO, sigue creyendo en ti para que ese «no» se vuelva un SÍ, porque ningún departamento de salud ni administrativo te va a poner las cosas fáciles. Persiste desde la calma, sé que es difícil, sin embargo, es lo más saludable para ti.

Lo que me ha quedado muy claro después de hablar con mucha gente, es que los enfermos de fibromialgia somos los pacientes que nadie quiere. Puede decirse que somos esa pelota que unos a otros se van pasando hasta que al final la pelota se pincha. En nuestro caso, además, nos quedamos sin fuerzas para pelear.

Y muchos dirán, pero pelear es lo tuyo. Pelear para levantarte de la cama, para que te vean los médicos, pelear para aguantar en tu trabajo hasta que no puedas más y tengas que renunciar. PELEAR. Este verbo que quiere decir:

- Luchar contra algo o alguien, especialmente empleando la fuerza física en un enfrentamiento cuerpo a cuerpo, para vencerlo y conseguir un fin.

Algo que no tenemos los enfermos de fibromialgia es fuerza física. Por eso, si quieres hacernos un favor, no vuelvas a decirle a nadie con esta enfermedad «tienes que pelear por levantarte de la cama, por caminar, por hacer ejercicio o por conseguir la consulta del médico». Nosotros no tenemos fuerza, nuestro físico es débil, está dolorido y además si desarrollas nervios en cualquier faceta de tu vida, tras ellos vendrá un brote. Necesitamos apoyo, comprensión, empatía. Ni luchas ni peleas.

- Hazme un favor: cuando hables con alguien que sufra fibromialgia, **borra la palabra pelea o lucha.**
- Otra palabra que no necesitamos escuchar es **ÁNIMO.**

Soy consciente de que muchas personas no saben cómo ayudarnos, no están familiarizadas con nuestra enfermedad, y por tanto, piensan que todo es cuestión de ánimo. Hablando por mí, aunque sé que son muchas compañeras que comparten este pensamiento, agradezco que la gente que me rodea, la que entra a formar parte de mi entorno familiar, de amistad o laboral, me muestre apoyo, pero no es cuestión de desearme ánimo, no se trata de eso. Llega un momento que dicha palabra me molesta. El ánimo lo tengo, algunas veces más que otras, también es verdad, pero cada vez que te lo dicen, en tu interior respondes: lo único que necesito es energía para seguir.

Y llegado a este punto alguien se preguntará: ¿cómo puedo ayudaros? Creo que es básica la empatía, ante todo que no nos estigmaticen por tener fibromialgia; eso ya nos apoya. Que no nos juzguen de vagas, histéricas o locas mucho más. Es cierto que la opinión de los demás no debería afectarnos, pero nos afecta y mucho, porque si algo tiene esta enfermedad es que te destruye la autoestima. Y cada vez que nos juzgan o nos acusan de blandas, nos están destrozando emocionalmente. Cuando esto ocurre, el brote que llega desde esas emociones rotas, normalmente, es insufrible. Y te va empujando a aislarte para llevarte a la soledad.

Para mí, como imagino que para otras tantas, lo más importante es el respeto hacia mi forma de vivir, nueva y distinta. Que me acepten con este nuevo cuerpo con todas sus sintomatologías, no solo de dolor, ya es un apoyo que me ayuda a seguir hacia delante. Y aunque es un gesto que normalmente nos duele, el abrazo nos transmite esa confianza que tanto necesitamos.

Como muestra, te cuento que en aquel momento del que te hablo, si hacía una sola cosa como ir a comprar al supermercado dos o tres productos, tenía que llegar a casa y, literalmente, tirarme en la cama durante horas. Por eso, cuando llegué a la consulta de mi médica de cabecera, agotada, dolorida y anímicamente destrozada, le entregué el informe con el diagnóstico de «esa» posible enfermedad que yo no creía tener para que me derivara al médico especialista. Se quitó las gafas, me miró y me dijo:

—¿Reumatólogo? Imposible, todas las consultas que solicito me las deniegan, ¡y más con este posible diagnóstico! Tendrás que pelear mucho para lograrlo, y ni aun así creo que lo consigas.

Y yo me creí que tenía que pelear, que podría hacerlo.

Unida a esta frase, cuando vio las pruebas me miró y me dijo:

—Si en lugar de estar en mi consulta, estuvieras en la de mi marido, te diría que la fibromialgia no existe, que es un invento. Pero has tenido suerte de que sea yo quien te lleve y haya visto tu transformación desde la primera vez que te vi ahora. Estás fatal.

Lo único que supe hacer fue echarme a llorar. Incluso recuerdo un día que fui a por mi baja, en las condiciones que narro, y me comentó que debería ir pensando en coger el alta. Entiendo que a los médicos les aprietan los inspectores para dar altas, al menos eso es lo que dicen; lo que no entiendo es que a personas en el estado en el que estaba yo, tengan el valor de decirles esto.

Mi respuesta con la voz quebrada fue:

—Ni usted, ni los médicos de salud mental están haciendo nada por mí, estoy hundida, mi vida sin dormir es una mierda. Entre todos están consiguiendo que no tenga ganas ni de vivir, nadie me ayuda, nadie piensa en mí. Nadie se pone en mi angustioso lugar, solo piensan en su maldita burocracia.

Dicho esto, salí llorando. Recuerdo que se levantó y salió de la consulta, la oí llamarme y decirme que me tranquilizara. ¿Cómo te puedes tranquilizar si te das cuenta de que a ellos, que son los que deben velar por tu salud, les importa más la solución administrativa?

Pasaron dos meses sin noticias desde que había pedido cita con Reumatología. Ahí entendí que entraba mi pelea, como ella dijo. Peleé con mi centro de salud, con el hospital, para saber por qué no tenía noticias. Tras cada pelea mi cuerpo se resentía cada vez más, incluso aparecieron dolencias que no había tenido con anterioridad y me iban pasando cosas como olvidos, ausencias y pérdida de memoria, empecé con la disfagia, dificultad para tragar algunos alimentos, pérdida de fuerza. Alteraciones que no me habían pasado de una manera tan intensa como hasta ese momento. También físicamente sufrí dolores que cada vez eran más intensos, sobre todo, en la zona lumbar, entre otras partes de mi cuerpo, por supuesto, a cada cual peor.

Todos los síntomas se agudizaron mucho más desde el momento en que recibí la noticia por parte de mi médica de que, efectivamente, me habían rechazado la visita en el hospital. Somos muchísimas personas que necesitamos que nos vean los especialistas en los hospitales, es cierto, yo puedo entender que debido a ello funcione tan mal nuestro sistema sanitario. Por eso necesitamos mejorar nuestro sistema público, al cual apoyo totalmente. Lo que jamás podré entender es que te rechacen una visita médica por tu potencial diagnóstico. Y lo que todavía puedo entender menos, es que con esta enfermedad no haya en todos los hospitales equipos multidisciplinares que se preocupen realmente de ayudarnos. Juro que pensé que tener fibromialgia nos convertía en leprosos que debíamos ser apartados e ignorados por la sociedad.

Por tanto, como ves, se me presentaba un desafío para que un especialista decidiera atenderme. Fui a Atención al Paciente, rellené una queja, y volvieron a denegarme la visita. La presunta fibromialgia no la iba a ver el departamento de Reumatología, me insistieron. Y yo insistí en volver a poner otra queja. Ese día, tuve la suerte de que me atendiera una señora empática, al ver mi desesperación se comprometió a hablar con alguien de aquel departamento para que me diera la oportunidad de escucharme. Una semana después, recibí una llamada de la misma señora para denegarme nuevamente dicha cita. Agradecí su interés por ayudarme, estaba claro que no me lo iban a poner fácil.

Al día siguiente, fui directamente hasta el departamento de Reumatología con todos los informes que tenía de la doctora Enriqueta y mi doctora de cabecera que eran quiénes solicitaban la consulta. Antes de salir de casa, me tomé un valium para tratar de calmar mi ansiedad. Tuve que afrontar los problemas que tenía para mi movilidad, era como escalar una montaña y sentir que no tenía fuerzas ni para dar el primer paso, el pico estaba infinitamente alejado de mí. Tras un paseo a pie y otro en autobús llegué al departamento, lo primero que encontré fue una señora de mediana edad que me dijo que así no se hacían las cosas, y no me iban a atender; me lo dijo con tal desdén que me dolió. Esta señora era la secretaria de la secretaria del director del área médica de Reumatología. No era fácil, no, me lo estaban dejando muy claro, tuve que sortear no solo mis problemas emocionales, físicos, sino también los burocráticos. Tuve que insistir a aquella primera mujer que hacía de escudo de la segunda, de que no me iba a mover de allí hasta que no me diera la oportunidad de hablar con la persona indicada para resolver mi problema que era grave. Volvió a entrar al despacho, desde fuera escuché como hablaba de malas maneras. Tras un breve silencio que supuse era debido a que la otra señora le estaba diciendo algo, salió con expresión de hastío como quien ha perdido una batalla para decirme que pasara al despacho, me dio las órdenes sin mirarme a la cara, pero a mí eso ya no me importaba, tenía la oportunidad que había ido a buscar y que, además, me pertenecía. Con los nervios desbaratados y las pocas fuerzas que ya me quedaban por la angustia que estaba viviendo le expliqué todo lo referente a mi situación, me escuchó y resolvió:

—Nosotros no podemos ver a una paciente porque ella piense que tiene una enfermedad... y menos ésa —lo dijo con amabilidad, pero no por ello dolió menos.

—Perdone, pero yo ya dije que tengo pruebas realizadas por el servicio de Neurofisiología a las que me remito —me sentí más una abogada que una paciente—, en las que me derivan para que me vea lo antes posible un especialista. —Mi gesto de perplejidad debió de ser épico.

—¿Las ha traído? —Parecía no creerme, a pesar de haberlo expuesto en mi reclamación.

—Por supuesto. —Nunca en toda mi vida me había sentido más segura que en ese momento al entregarle el informe.

Se hizo fotocopias y me dijo que las vería el jefe de departamento para decidir qué iban a hacer conmigo. Me marché intranquila, ¿qué se pensaba? ¡Que me había levantado ese día decidiendo ir al hospital para que me viera un especialista como quien elige ir de tiendas! Recuerdo la rabia que pasé durante la charla y que gracias a toda la medicación que llevaba pude controlar. Aunque aquella noche los calambres fueron insoportables. Aquí te ofrezco una de las primeras claves que, a mí, en ese estado, se me pasaron por alto: la rabia o la ira que me provocaban se transformaba en dolores insoportables por todo mi cuerpo. Por eso, te digo que, por muy complicado que sea, hay que trabajar la calma y desde ahí tratar de funcionar con temas tan enrevesados como este.

Esto que te cuento sucedió en pleno mes de julio. Para mí es el peor mes del verano. Recuerdo tener que caminar de mi casa a la parada del autobús, que son diez minutos, bajo un sol de justicia. Después, el autobús me dejaba a otros diez minutos del hospital. Regresar era todavía peor, la parada la tenía a veinte minutos. Estos intervalos, que en otro momento de mi vida no suponían ningún problema, no solo me acarreaba un esfuerzo grandísimo para llegar, sino también, una angustia que me oprimía el pecho y me cerraba la garganta, era como darme cuenta de que mi vida estaba cambiando y no precisamente para bien, sentía que me hundía en el barro y me quedaba atrapada en él a cada paso que tanto me costaba dar y que me arrancaba las pocas fuerzas que había en mí. Mi mirada buscaba algún banco donde poder sentarme, tomar aliento nuevamente, aunque ponerme en marcha era peor, un martirio del que parecía que no tendría nunca fin. Todo ello, sumado a la fascitis plantar que apareció tras mi primer disgusto con la negación de la visita, provocaba que a veces rompiera a llorar en medio de la calle de pura frustración, más que de sufrimiento. Una nueva pista, otra emoción más que vivimos demasiadas veces en nuestro día a día particular, la frustración.

Solo los que padecemos esta enfermedad somos conscientes del sobreesfuerzo que debemos hacer para desplazarnos, y en lugar de ponernos las cosas fáciles, nos las complican todo lo que pueden en Sanidad. ¡Nadie quería verme! Mientras tanto, yo literalmente estaba muriendo de dolor y frustración.

Llegados a este punto, ¿qué piensas que sucedió? Sí, querido/a lector/a: me volvieron a decir que no.

Volví al hospital, esta vez sin medicación, pasé el corte de la primera secretaria, cuando entré al despacho de la segunda, rompí a llorar en un ataque de impotencia. Asustada, porque no entendía qué me estaba pasando, la secretaria me ayudó a sentarme. Volví a explicarle todo y ante mi asombro me dijo:

—Si yo te entiendo —me habló hasta con pena—. ¡El problema es que tú no tienes informe!

—¡CÓMO QUE NO TENGO INFORME!

Sí, fue un grito que salió desde la indignación. Me habían perdido los papeles y no aparecía el informe que valía para darme una cita. No me lo podía creer, ¡me habían perdido los papeles! Volví a darle todo y no me fui de allí hasta que vi cómo aquella mujer que se mostró nerviosa, dejaba en la carpeta del médico grapadas todas las copias de mi historial. Al día siguiente, me llamaron para confirmarme la dichosa cita que llevaba meses esperando.

Era mi pequeño éxito para solucionar mi vida, era toda mi esperanza. Estaba convencida de que aquella visita sería un punto de inflexión para mejorar.

Había decidido ir sola a todos los médicos, porque mi madre está enferma y mi padre ya había pasado bastante con todo su proceso. Al ser los meses de verano, les dije que se fueran tranquilos a una casita que tenemos fuera de Valencia. Ahora reconozco que fue un error ir sin compañía.

Porque aquí viene el momento cumbre. La primera consulta que tenía era mi revisión con la psiquiatra, la que no creía nada de lo que le contaba. Llevaba en mi mano el informe de la prueba de Polisomnografía, la que ella tantas veces se había negado a hacerme porque no iba a aportar nada. Se la entregué y la leyó en silencio. Esperaba una disculpa por su parte por haber dudado de mí, ya que en el mismo informe se mencionaba el problema añadido que tenía con todas las medicaciones con efecto hipnótico. Una vez lo terminó de leer me soltó sin inmutarse:

—Qué desgracia has tenido, ojalá no te digan que tienes fibromialgia, porque con lo joven que eres, en dos años acabas en una silla de ruedas.

Lo único que hice fue cogerle el informe de las manos, levantarme y marcharme de aquella maldita consulta, donde durante un año y medio de mi vida me estuvo juzgando. Lanzando sus prejuicios contra mí, me había arruinado la vida al no hacerme esa prueba en su momento, pues podía haber evitado que mi insomnio se hiciera crónico. La parada del autobús estaba justo enfrente de la puerta de salida, y en el escaso trayecto notaba como mis pies pesaban como dos losas. Por mucho que trataba de apartar de mi mente sus palabras, me vi en una silla de ruedas.

Llegó la fecha indicada con la reumatóloga. La persona que me llamó para darme la cita resultó ser la misma mujer que había tratado de ayudarme con anterioridad, me avisó, como haciéndome un favor, de que dicha médica ponía muchas trabas a

46

los enfermos/as de fibromialgia, debía verte en muy mal estado para diagnosticarte. En el fondo, yo no creía que tenía aquella enfermedad, me negaba a creerlo una y otra vez por el miedo que me daba convertirlo en verdad, pero la realidad era que me sentía tan mal que necesitaba cuanto antes ponerle nombre a lo que me estaba sucediendo. Ella me lo dijo para que fuera preparada mentalmente; sin embargo, mi mente también estaba afectada. Mi cabeza había dejado de funcionar correctamente desde hacía pocos meses, me quería engañar diciendo «tengo tantos problemas que no funciona». La realidad era que ya no podía escribir como siempre lo había hecho, me quedaba en blanco infinidad de veces y sentía algo en mi cerebro que no sabía definir. Aun así, insistía en negar la posibilidad de que fuera debido a esa enfermedad.

Fui nuevamente sola, subí hasta la tercera planta, entregué el cartón en la ventanilla correspondiente, y me senté. Al rato, sonó mi nombre por la megafonía, parecía que me habían llamado desde dentro de un túnel. Inspiré con fuerza. Giré un pasillo a la derecha, la consulta se encontraba en la segunda puerta a la izquierda. Por fin, ahí estaba mi doctora, la «incrédula». Me senté, me saludó, me pidió el informe y tras unos instantes sin mirarme, me preguntó.

—Dime una cosa: ¿qué hacías antes y ahora no puedes?

—Leer en la cama, no puedo sujetar el libro, bueno ni siquiera el móvil... me duelen mucho los brazos.

Fue lo primero que me vino a la mente, aunque había infinidad de cosas que había dejado de hacer.

Miró la pantalla, nuevamente el informe y me respondió, como si fuera de lo más evidente:

—¡Claro, sabes que tienes fibromialgia! ¿No? También fatiga crónica.

Así, sin anestesia ¡pa qué! No sé lo que pasó durante el rato siguiente, porque ella tecleaba como poseída, mientras yo trataba de entender lo que acaba de ocurrir. En ese instante, sin ser consciente, comencé a descender nuevamente a la oscuridad del pozo en el que con el paso de los días me había visto engullida.

Me hizo levantar, recuerdo que me lo dijo dos veces, y empezó a presionarme en sitios puntuales de mi cuerpo, los llamados puntos gatillo que son los 18 puntos del cuerpo donde se localizan los dolores característicos de la fibromialgia, establecidos según los criterios diagnósticos por el Colegio Americano de Reumatología (American College of Rheumatology) en 1990. Tras sus presiones, yo ya no sabía cuál de todos me dolía más. Me acababa de dejar molida.

Me tumbó en la camilla, me volvió a tocar las rodillas y caderas, hasta que fue el turno de las plantas de los pies, de los que yo me había quejado. En ese instante fue el punto y final y vi a toda mi parentela del otro mundo, sentada a mi alrededor, con los brazos cruzados y esperando veredicto. Me levanté llorando porque no podía soportar tanto dolor, me puse las sandalias, me senté en la silla mientras ella siguió tecleando. El sonido de las pulsaciones de cada tecla se convirtió en una música chirriante en mi cabeza, que me tenía a punto de gritar.

—Tienes los 18 puntos fibrosíticos positivos, es decir, todos. Por lo que cuentas, con un dolor crónico de más de tres meses continuados confirma la fibromialgia. Tienes insomnio, trastornos cognitivos y, además, fatiga crónica. Haces pleno.

No reaccioné.

—Te voy a dar Gabapentina, un antiinflamatorio para todos los días y cuando llegues a casa tecleas en Internet tu enfermedad y aprendes. Así es imposible que trabajes, habla con tu médica. Sal y que te den cita para dentro de seis meses.

Salí de la consulta no sé ni cómo. Tampoco recuerdo cómo llegué a la calle ni hacia dónde fui. Pero entonces me acordé de mi madre, ¿cómo le decía aquello? No podría soportar que con todo lo que ella había pasado tras sufrir un cáncer de mama, con todas las consecuencias que llegaron después, yo fuera una intranquilidad para ella. No quería que mirara ni leyera nada en Internet. Era algo que me preocupaba muchísimo, así que cuando me recuperé un poco, se me ocurrió tratar de suavizar el diagnóstico. Respiré hondo y le di a la foto que sale en mi pantalla, me hizo sonreír en aquel momento tan duro, porque era una fotografía que le hice un día que me estaba riñendo, y la sonrisa que se creó al principio tras mantener unos segundos mis ojos en ella se transformó en unas ganas terribles de llorar. Pero me tuve que recomponer con rapidez, estaba esperando mi llamada.

—¿Qué te ha dicho? —su voz trasladaba los nervios y preocupación que yo imaginaba.

—Bueno, no te preocupes de nada, me ha dicho que tengo fibromialgia, pero tú no te preocupes porque yo estoy bien y por mucho que ella diga que tengo los dieciocho puntos no me va a pasar nada.

—¿Dieciocho puntos? —su voz temblorosa me rompió el alma—. ¿Qué es eso?

—Son los puntos que detectan la enfermedad, pero tú tranquila, mamá, no pasa nada, yo estoy bien y esto no va a pasar de aquí. Además, me ha dado una medicación para... para... —me costaba expresar en voz alta con tranquilidad palabras que se repetían en mi interior con pánico—. Tranquila, para que no vaya a más. ¡Eso sí! ¡Nada de mirar Internet!

—Deberías venirte con nosotros.

—Estoy bien, no pasa nada, estoy bien, tranquila, mamá.

No se quedó conforme y quería venir a casa, pero me negué, yo solo quería que ella estuviera tranquila porque desde ese momento en la esquina de la Avenida de Blasco Ibáñez rodeada por el tráfico, por gente, bicicletas pasando con rapidez por mi lado, era como si solo existiéramos, el miedo a una enfermedad muy dura que no admitía y yo. Cuando por fin colgué, estaba convencida de que ella no podría hacer nada por mí. Ni ella, ni nadie.

Después llamé a Sonia, quien fue mi paño de lágrimas en ese momento. No podía explicarle lo que me había dicho la médica, porque el llanto que había aguantado con mi madre salió a borbotones con ella. Ella trataba de animarme, insistiéndome en que debía de ser constante con el tratamiento, y hacer caso de todo. Cuando me calmé un poco y pude comentarle que las únicas indicaciones que me había trasladado era que aprendiera mediante Internet qué era mi enfermedad, alucinó tanto que me recomendó, en lugar de eso, comprar un libro que me ayudaría. Sé que trató de protegerme de pasar un trago tan amargo, pues no siempre es bueno la búsqueda en las redes. Se despidió de mí para localizar el libro cuyo nombre había olvidado con los nervios.

Al colgar, me percaté que estaba sentada en un banco en uno de los jardines de la avenida de Blasco Ibáñez. Suspiré con fuerza y rompí a llorar; lloré tanto que me ahogaba, era incapaz de respirar. Lloré con rabia, con miedo, con incredulidad... ¡no podía pasarme aquello! Lloré hasta que me quedé sin lágrimas y, con un esfuerzo sublime, recogí mi cuerpo dolorido y volví a mi casa.

Cuando llegué, me abracé a mi gato. Después me tumbé en la cama rompiendo, nuevamente, a llorar, mientras, entre espasmos por el sofoco, le decía:

—Shiva, tengo miedo.

Él me miraba con sus ojos verdes fijos en mí, haciéndome ver que me estaba escuchando. Shiva, que apenas ronronea, en ese instante comenzó a hacerlo tumbado sobre mi pecho.

Fue al único a quien le dije la verdad sobre lo que sentía al poner nombre a todo lo que me estaba ocurriendo.

5
DESAFIÁNDOME EL SUICIDIO

«A un hombre le pueden robar todo,
excepto una cosa:
la elección de su actitud
ante cualquier tipo de circunstancia».
VIKTOR FRANK

Diario 30-10-2018
Muerte, desaparecer, negro, oscuridad, dolor, frustración.
Todo esto es mi mente. Tengo miedo.
Una parte de mi mente trata de ser enérgica contra esa muerte. Imagino a mi inconsciente machacando mi consciencia en esta dicotomía:
Creo en mí, sí puedo, voy a superar esto.
No creo en mí, es imposible, no puedo.
Este es el resumen de mi vida, un intenso interés en abandonarme. Dejar pasar los días, olvidarme de todo y de todos.
Nunca me había sentido así. No salgo a la calle, no hago nada, ni siquiera tengo ganas de escribir. Definitivamente me he dejado caer en el pozo. No me reconozco, no soy yo quien manda en mi vida, es ella. Maldita hija de puta que me estás destrozando la vida.

Diario 19-3-2019
Estoy en un momento de máxima desesperación en mi vida, no veo futuro, no veo salida. Quiero creer que son épocas, que las hay buenas y malas, que tengo que seguir confiando en que voy a salir de esta encrucijada que me ha puesto la vida. Sin embargo, cómo realmente me siento es "amargada", "frustrada", "desmotivada" y sin fuerza para seguir. ¿Para seguir, adónde? Si no puedo trabajar, y apenas puedo levantarme de la cama… porque estoy hecha un trapo. Llevo tres días llorando: este último brote me ha dejado sin fuerza en el cuerpo para resistir más el dolor. ¡Y esto irá a más! ¡No sé qué hacer, me siento perdida!

¿Qué puedo hacer por ti?, me pregunto cuando me miro en el espejo tratando de rescatarme, pero no tengo respuesta, al menos, no otra que sea romper a llorar.

No entiendo a mi mente. Yo que amo la vida, los animales, la naturaleza, escribir... parece que en estas últimas semanas nada importa: me he rendido. Si se supiera la lucha interna que tengo, la batalla de cada noche, despierta, tantas horas en la oscuridad de mi cuarto, me siento defraudada y sola ante algo tan inmenso como el dolor. Sola luchando contra mis demonios.

Diario 26-5-2019

Han pasado dos meses de la última vez que escribí en este diario, desde aquel gran brote que ha cambiado algunas cosas. Mi propia visión en la cama, derrotada, sin fuerzas, sin ganas, sin coraje... Abandonada de tal manera que durante casi dos años ella ganó.

Han pasado muchas cosas buenas y malas. Es cierto, en un corto espacio de tiempo. Ahora siento que he perdido tanto, pero estoy aquí para escribir que sigo. Sigo porque he encontrado un poder en mí para continuar subiendo escalones en el pozo de la amargura en el que vivía, prometiéndome a mí misma que no habrá recaídas en el abandono. Al menos, yo quiero ser la que cambie la definición de fibromialgia. Ahora tengo herramientas y estoy dispuesta a valorar la vida. Pensar, que, por momentos, quise acabar con mi vida... me duele el corazón cada vez que lo recuerdo.

Hoy y ahora, empieza otra Luz.

Sí, sé que el suicidio es una cuestión delicada y muchas veces no queremos afrontarlo, no queremos ver ni pensar en esta posibilidad.

«Esto no pasa en nuestras familias, suele pasar a otros que son gente cobarde o valiente —según quien lo diga— por no querer afrontar la vida».

Esta frase la he escuchado tantas veces que por eso he decidido introducir este capítulo, que para mí no es fácil escribir. Y no lo es porque me empuja a una época en la que planeé mi muerte, no por cobardía, ni valentía, sino porque estaba agotada de sufrir, no podía soportar más dolor, no podía vivir encerrada en mi casa, sin tener una vida, sin poder trabajar ni escribir, siendo una carga para mi familia...

Comencé a pensar en él, tras un primer brote que me dejó sin poder caminar. Trataba de dar pasos y mis piernas no podían por el dolor; venían a mí de una manera machacona las palabras de mi psiquiatra: «En nada acabarás en una silla de ruedas». Nunca sabrá esa mujer, que se supone me tenía que ayudar a superar mis problemas, una profesional que tendría que sacarme de pensamientos y situaciones complicadas, que era la que manejaba herramientas adecuadas, pero que sin embargo metió en mi cabeza la visión de mí misma en una silla de ruedas, impedida por mi enfermedad.

Empezaré a tratar el asunto desde el hoy. Ahora, mientras redacto esto, tengo un malestar importante en los brazos que me impide escribir durante mucho rato seguido, aunque mi gran pasión sea crear historias para que otros disfruten leyendo. Aun así, hoy, agradezco la parte de mí que fue más fuerte, más resistente y le dijo a esa otra parte agotada que quería dejar de sufrir, que debía encontrar la manera de superar aquel momento, porque quería creer que en cualquier instante mi vida mejoraría.

No pensé en mis padres, en mi hermano, en mi perro ni en mi gato. Cada vez que me miraba al espejo, la imagen que se reflejaba no era la mía. La seriedad, las ojeras, la tristeza en la mirada... no las reconocía como mías. Yo había desaparecido tras un cuerpo dolorido y un agotamiento infinito, lo que veía era una persona rota, quebrada en cada poro de su piel. Me asustaba mirarme; de hecho, recuerdo que dejé de hacerlo, porque ese YO del espejo me susurraba «acaba ya, no puedes vivir así». Hoy, repito, doy gracias todos los días a ese otro yo que me salvó.

Ten esto en cuenta: la fibromialgia es una enfermedad traicionera que juega con nuestras emociones, yo lo veo así. Cuanto más te envenene la emoción, ella más se muestra, más te atrapa en el dolor del cuerpo, la nube en la mente y la angustia en el corazón. Esa mezcla, al principio, te deja a su merced.

Para y piensa, si estás empezando: ELLA NO ES MÁS FUERTE QUE TÚ. Tú eres más fuerte que ella, la aceptas y le dices que vas a seguir viviendo porque ella no es la protagonista de tu vida, LA O EL PROTAGONISTA ERES TÚ.

Mi pesadilla empezó con la Gabapentina. La Gabapentina es un medicamento anticonvulsivo, se ha demostrado que sirve para tratar el dolor de origen neuropático crónico. Cuando mi reumatóloga me lo recetó, la avisé del problema que tenía con la medicación y, además, esa, en especial, no la toleraba. Sin embargo, era necesario tomarla y no la podía dejar sin que ella me dijera cómo. Estaba sola en casa, agosto acababa de empezar, y el calor comenzó a hacer mella en mi cuerpo. El cansancio se apoderaba de mí sin dejarme hacer prácticamente nada. Entonces aparecía mi rebeldía contra lo que me estaba sucediendo, mi no aceptación. Recuerdo que traté de limpiar la cocina como hacía los veranos cuando me quedaba sola. A pesar de mi voluntad, fue imposible, me tuve que parar porque el dolor apareció y se convirtió en un infierno, como si me hubiera roto por todos los costados, como si se hubiera apoderado de mi cuerpo, de todo él.

Me pasé los tres días siguientes en la cama sin apenas poder moverme. Ahí empezó mi primer calvario. Recuerdo que bajaba las persianas de las ventanas sin profundizar en mis pensamientos. Porque algo en mí se movía, de manera sutil, aunque lo suficientemente fuerte como para, poco a poco, ir dejando huella. Así hasta que ya mis padres volvieron a casa y les pedí que no me dejaran sola, porque aquello, que era una idea leve, empezó a perseguirme de manera obsesiva. Su voz atrapaba mi soledad en la noche y me repetía:

- «Esto no va a ser siempre así, vas a empeorar. Vas a vivir todos los días con dolor, acaba con el sufrimiento, no merece la pena seguir».

Aquí debo decir —voy a subrayarlo nada más porque profundizaré un poco más adelante en ello— que, tras pasar el tribunal médico por insomnio, el INSS me dio de alta. Denuncié y fui a juicio. Si algo me faltaba era enfrentarme a todos los papeleos, las idas y venidas a juzgados, la búsqueda de un abogado de oficio... Porque, aunque mi reumatóloga me había enviado a mi médica de cabecera para que me diera la baja, ya que en las condiciones que estaba, más la nueva medicación, no podía trabajar, el INSS me obligó a reincorporarme al trabajo.

Te puedes imaginar lo imposible que era trabajar en aquellas condiciones y quien sufre la enfermedad me entiende. Por ello tuve que solicitar una excedencia. Y me vi como muchas de las personas que sufrimos fibromialgia: enferma, sin trabajo y sin cobrar. Una combinación perfecta para la depresión. Ahí sí se agudizó en mí, al ver que mi historia médica era una risa para los inspectores de trabajo, que decían que podía trabajar sin dormir y enferma.

Fue la gota que colmó el vaso. Por primera vez llegó ese momento en que verbalicé en casa y en voz alta que me quería suicidar, que no quería vivir así. No podía trabajar y ¿de qué iba a vivir? La idea fue creciendo, haciéndose fuerte, grande. Mis noches eran un infierno al que me enfrentaba tratando agotadoramente de ganar, de buscar razones para seguir mi camino, porque la vida no podía ser así, no me había esforzado tanto para acabar echándome por la ventana.

Y entonces llegaron mis abuelas, que aparecieron en la noche. La primera que vino a visitarme fue mi abuela Pepa, su voz llegó tan nítida que me asusté, me incorporé en la cama, sí, como pasa en las películas, con la respiración agitada y dando un pequeño grito. La había visto y oído. Su voz resonaba en mi cabeza: «Eres fuerte, no lo olvides, en esta familia las mujeres hemos luchado y nos hemos sobrepuesto a todo. Tú también podrás hacerlo». Aquel mensaje me provocó un llanto que no podía atajar, sola en mitad de la noche. Me di cuenta de que no podía abandonar, de que lo que me estaba pasando era algo temporal y que yo podría afrontarlo; lucharía contra la fibromialgia con todas mis fuerzas. ¡Y cómo no! Mi gato, Shiva, volvió a mí, se enroscó sobre mi pecho, mirándome fijamente, ¡y volvió a ronronear!

Otra noche, volvía el infierno de aquella maldita sombra negra que me insistía y parecía que se sentaba en mi cama susurrándome. Conseguí cerrar los ojos cuando la luz del día empezaba a aparecer. Fue el momento en que escuché la voz de mi abuela Conchín: «Cariño, lo vas a lograr, yo confío en ti».

Llegado a ese punto puedo decir que no sabía si aquellas visiones eran producto de la medicación, o si realmente estaban a mi lado tratando de evitar que cometiera el mayor error de mi vida, acabar con ella. Mi mente era un campo de batalla como jamás lo había sido, eso sí que era una lucha. El tiempo me hizo ver que la fibromialgia se alimenta de esa lucha y se transforma en un sufrimiento interior y una sensación terrible de angustia que te agota. Yo entonces aún lo desconocía.

Empezó septiembre, y, aunque cansada de sufrir, traté de seguir el consejo que me había dado mi abuela: no rendirme. Me costó volver a caminar, daba paseos por el pasillo de casa acompañada a veces por Alonso, nuestro perro, o bajo la vigilancia de Shiva. En el proceso que pasé en ese primer gran brote, en el que no paraba de llorar, tanto Alonso como Shiva no se separaron de mi cama. De vez en cuando, me miraban con esos ojos repletos de amor que solo ellos son capaces de entregar. Cuando me atacaba el pensamiento de "¡acaba ya!", como si lo supieran, se arrimaban más y más a mi cuerpo. Mi gato empezó a dormir dentro de la cama, me abrazaba y daba suspiros que me llenaban de calma. Por la mañana, Alonso entraba y, si tenía mi brazo colgando, me lamía la mano. Así día tras día hasta que me levanté, y recobré la fuerza para volver a caminar.

La medicación contrarrestaba el buen hacer de mi familia humana y animal; me estaba provocando crisis que me tenían al límite de mis fuerzas mentales con ataques de pánico nocturnos, visiones, voces que me llamaban o ruidos que me atormentaban, migrañas cada día más fuertes, taquicardias. Hasta que un día llamé a mi madre, mientras escuchaba la voz de otra mujer detrás de mí, que me susurraba o cantaba algo que no entendía. Mi madre no escuchaba nada, sin embargo, la voz sonaba. Era dulce como si me regalara una caricia, no me daba miedo, si bien aquella voz no debía estar ahí. Acabé en urgencias, donde me vio una psiquiatra, le dije que me quería suicidar y todo lo que me estaba pasando. Acudí allí por orden de la médica, (debo hacer un inciso pues, desde que rompí a llorar en su consulta, cambió y se convirtió en un buen apoyo hasta que se fue).

Volviendo a la visita, mi madre me acompañó para que pudiera hablar con los médicos que me iban a ver en urgencias. El sufrimiento no solo es nuestro, de los enfermos, también de quien nos quiere. Mi madre no pudo casi responder a la médica y ahí me di cuenta del daño que estaba haciendo a los demás cada vez que les decía: ¡quiero morirme! No lo pensé, creo que no por egoísmo, sino porque el dolor me anulaba cualquier razonamiento sensato, más allá de mi resistencia hasta ese momento, en la que estoy convencida la ayuda de mis abuelas fue fundamental.

Salí del hospital con la sensación de que no me habían creído, pero me quitaron la Gabapentina de golpe... ¡sí, esa que no se podía quitar de golpe! Me dieron cita con mi reumatóloga y me dijeron que confiaban en que era fuerte y no me suicidaría. Aquella respuesta me dio una responsabilidad que no estaba segura de poder sostener, porque a veces es mayor el deseo de dejar la vida ante el sufrimiento que vivir.

Os voy a contar cómo estaba dividido mi cerebro: había una parte que reflejaba el sufrimiento, el dolor, la rabia, el miedo, la pérdida de independencia, la ira más salvaje que había sentido jamás. En esa parte las palabras muerte y suicidio se repetían una y otra vez, como un bucle sin fin. Incluso, si conseguía llegar a dormirme, aunque fuera media hora, veía en sueños cómo me arrebataba la vida, cómo lo hacía de diferentes maneras, todas ellas con una crueldad que, cuando lo recordaba, porque siempre recordaba esas pesadillas, me podía el miedo. Sin embargo, la dicotomía en la que vivía hacía que por unos segundos, al despertarme, pensara que lo había logrado, y suspiraba como si así pudiera quitarme el padecimiento. Hasta que llegaba el momento de levantarme de la cama, cuando la rigidez de mi cuerpo, la niebla en mi mente y los diferentes dolores se hacían protagonistas, devolviéndome a mi oscura realidad. Esa parte del cerebro me mostraba qué clase de vida miserable iba a tener. Lo puedo representar como entrar en un laberinto, caminando sin saber muy bien qué dirección tomar para poder salir de la pesadilla de estar perdida. Mientras la otra parte, a la que trataba de aferrarme, me mostraba la imagen de mí misma haciendo todo lo que deseaba, escribir sin perderme en la trama o olvidar las palabras. Estar con la gente que me haría reír a carcajadas sin miedo al daño que me harían después las costillas, caminar como solía hacer por el centro de mi ciudad, estar en charlas con escritores, presentaciones, trabajar. En definitiva, me mostraba lo que antes no valoraba que era vivir sin dolor. Y esa imagen, a veces, me trastocaba más que la otra, quizá porque en el fondo sabía que era un imposible.

Así es nuestra vida día tras día, noche tras noche, agotadora, insoportable, si tu cabeza no está preparada para sobrellevarlo de alguna manera más digna para vivir. Aunque ese vivir sea tan alejado de cómo lo hacías antes. Ojalá la gente que tiene que ayudarnos tuviera claro que sufrimos un dolor que es incapacitante. Trabajar en estas condiciones es una heroicidad, que no siempre podemos mantener y es en ese momento, en el que la vida se te quiebra, cuando no podemos afrontar nuestro trabajo.

¿Qué me ayudó a superar aquel pensamiento individual de poner fin a mi vida?

Lourdes Alarcón, que nos estaba uniendo a Shiva y a mí para encontrar nuestro camino juntos en la vida, me rescató poco a poco del mundo de la autodestrucción en el que me había introducido, mediante las terapias holísticas que tratan de equilibrar mente, cuerpo y espíritu, además, de trabajar intensamente los aspectos emocionales. Fue mediante muchas charlas intensas, como ella dice: no estaba frente a mí para decirme a todo que sí, y ser una buena amiga; más bien al contrario, estaba frente a mí para hacerme reaccionar. Poco a poco, con mucho esfuerzo, dediqué las noches, aprovechando mi insomnio (viéndolo como una oportunidad para trabajar mi mente), para ir hacia la otra parte del cerebro, directamente a la luz, y saber eliminar los pensamientos que me empujaban a la parte triste, oscura, al pozo.

Unidas a su ayuda, mediante audios, meditaciones y música de relajación, me dio algunas recomendaciones para escuchar charlas de Louise Hay, Wayne W. Dyer y Eckhart Tolle; para esas noches eternas, largas y pesadas, que se mostraban dispuestas a jugarme malas pasadas a poco me relajara. Todo ello fue una escuela de aprendizaje para mí, y escuché una y otra vez las grabaciones en las que hablaban de la mente, de su poder y de los pensamientos que nos ayudan o perjudican. Las emociones que nos desafían. Una de tantas noches, al terminar uno de los audios, apareció la voz de Elías Berntsson, una voz que me ha acompañado desde entonces durante las noches de estos dos últimos años. Ese primer fragmento que captó mi atención hablaba sobre las palabras que decimos y el efecto que producen. Al principio no le presté demasiada atención, hasta que me di cuenta de que aquellas palabras que recitaba tenían sentido. Era como si «alguien» hubiera elegido justo ese comentario para sacudirme de pies a cabeza, como si lo hubiera grabado solo para mí. Hablaba sobre el pensamiento, el poder de las palabras y la aceptación. Todo ello unido a la terapia de Lourdes en las que trataba de llegar hasta mi espíritu para rescatarlo y equilibrarlo. Porque tal y como dice Pilar Castro-Villalba en su libro «*Cartas a mi médico. Cuentos fibromiálgicos*» «¿Cómo puede un ser humano acostumbrarse al dolor físico, al padecimiento? Eso puede llegar a hundir la mente, el espíritu que es al fin y al cabo el que sustenta al ser humano».

Y sí, sigo teniendo brotes de fibromialgia, como más tarde os contaré, y sigo teniendo dolores insoportables, pero me he hecho fuerte, a base de mucho sufrimiento y deterioro de mi cuerpo, fuerte como lo somos todas y todos desde el momento en que ACEPTAMOS nuestra enfermedad. Es cierto, no tenemos otro camino, no nos dejan hacerlo de otra manera, pero el suicidio no puede ser nuestra solución, porque hay días que podemos pasear y respirar aire puro, ver los pájaros, jugar con nuestros animales, o simplemente levantarnos de la cama y sentarnos en un sillón. Sí, ya sé que parece poco esta última opción, pero cuando te venga este pensamiento, haz como yo, acuérdate de cuando no podemos movernos, de cuando no podemos respirar. En mi caso, intento disfrutar de cualquier pequeño detalle para que me sirva de motivación. Sé que habrá momentos en los que te envuelva la oscuridad. Para esos instantes te pido calma, tranquilidad, date la oportunidad de que a tu vida llegue una linterna, o dos, o más. No te encierres en ti, siempre va a haber alguien que te tienda la mano para auparte. Confía. Por muy oscuro que esté tu corazón, por mucho que tus pensamientos te enreden, pide ayuda para que entre en tu vida la luz y borra esos pensamientos. La vida es maravillosa a pesar de la fibromialgia.

6
GRATITUD

«La gratitud es la memoria del corazón».

Lao Tse

En este capítulo quiero expresar las palabras que salen del corazón que habla el filósofo Lao Tse, es mi manera de mostrarles la gratitud que siento hacia cada una de las mujeres que tanto me ayudaron, me enseñaron y me sostuvieron. Mi mayor gratitud por que aún siguen haciéndolo.

De su mano pude transitar desde lo oscuro de la enfermedad hasta el resplandor de la aceptación para volver a vivir. Ellas lograron con su apoyo que mi estado emocional también cambiara de la noche más espesa y oscura poco a poco hacia un maravilloso y colorido amanecer mediterráneo.

Mi corazón os da las gracias:

Teresa: Porque inolvidable fue su ayuda. Fue la primera mano cálida que me agarró fuerte para sacarme del pozo. Sin ella todo lo que vino después no hubiera sido posible, ni siquiera este libro, ni siquiera mi hoy. Cuando más abandonada me sentía, llegó para mirarme a los ojos y darse cuenta de que estaba rota. Fue esa mirada que tanto me ayudó, esa conexión que me llevó hasta encontrar el primer diagnóstico que fue tan importante, saber lo que realmente me estaba sucediendo. ¡Y cuánta razón tenía al decirme la importancia de tener un nombre para definir todo lo que me estaba sucediendo! Porque como bien dijo, una vez tuviéramos ese nombre, podríamos encontrar una solución. Su calma y confianza fueron la clave para dar el paso en mi nueva vida, su preocupación constante y sus consejos en el peor momento me ayudaron a recomponer aquella mujer rota en la mujer que he ido reconstruyendo. En la mujer que soy hoy.

Alejandra Martín: desde detrás de la mesa de su escritorio en la Asociación Valenciana de Afectados de Fibromialgia, AVA-FI, empezó de una manera muy sencilla y gráfica a mostrar la cara de la enfermedad. Cogió un folio y trazó con un bolígrafo unas rayas mientras me decía: «El dolor está a este nivel (casi al borde superior del folio se fue la línea); tu energía está aquí (me situó en el borde inferior del folio); y sería bueno que pudieras hacerla llegar aquí». Acercó tanto la línea que casi estuvo a punto de igualarlas, aunque a mí me pareció una utopía bestial. Alejandra hace curvas y líneas que al principio pensé eran simples rayas sin más, pero que acabaron ayudándome a ver en el lugar en el que estaba yo y en el que quería estar. Confió en mí, en que estaba haciendo un buen trabajo mental y se mostraba segura de que podría salir hacia delante; pero no solo me mostró su confianza, también me dio pautas para complementar el trabajo mental. Me dijo algo que me sirvió, cuando, derrotada, le hablé de la muerte: «Tienes mucho que dar a los demás; primero dátelo a ti misma, y cuando lo hayas hecho, encontrarás el camino. Aceptar lo que te está ocurriendo es el primer paso para, a pesar de la dificultad, aprender a vivir con la fibromialgia, porque se puede». Después del día en que me dijo esas palabras, volví caminando a mi casa, me chirriaba mucho el final «se puede», yo no veía cómo. Pero, a pesar de que las visitas eran muy espaciadas en el tiempo, ir a sus sesiones empezó a ser una pequeña liberación, no solo mental, también física. En esos momentos mi padre me llevaba a los sitios, si no podía caminar, o en caso de poder dar algún pequeño paseo, cogía el autobús. Sin embargo, desde aquella vez que me dijo que podía, siempre que salía del despacho me proponía volver caminando hasta mi casa, disfrutando de cada cosa que viera. Fui encontrando motivos para sonreír, la forma de una nube, el vuelo de un pájaro, la mirada de un perro, el intenso verde de los árboles del cauce del río... Con el paso del tiempo me permití aceptar que no podía hacer los veinte minutos de camino del tirón y que debía sentarme varias veces, pero que no pasaba nada. Aunque el dolor quería ser protagonista, mi cabeza se mostraba fuerte para aceptarlo, para no darle el protagonismo. Ahí reconocí todo el trabajo que había estado haciendo por las noches, a ver ya no rayos pequeños de luz, sino más bien a ver una linterna que me proporcionaba una nueva libertad. La libertad que Alejandra me enseñó a encontrar.

Lourdes Alarcón: sin ella el camino de la mente no hubiera podido empezar. Yo no creía en la meditación, que mi mente tenía un poder tan fuerte que, si lograba trabajar con ella, mi cuerpo notaría la mejoría. Con su ayuda he aprendido a meditar, a abandonarme y dejar que mi cuerpo se relaje. Lo hago todos los días durante quince minutos. Casi siempre antes de irme a descansar, que no a dormir, porque el insomnio todavía es muy fuerte y se resiste a darme tregua. Lourdes me dio unas herramientas para encontrar la fuerza en mí, afrontar mis emociones y así trabajar mi mente y mi cuerpo. No voy a negar que fue un trabajo duro, complicado, pero gracias a su inestimable ayuda y, sobre todo, paciencia, fui pasando de ese pensamiento oscuro como es el suicidio, al pensamiento de luz de aceptación, de querer vivir la vida, buscar un modo nuevo de vivirla, pero vivir. Encontrar una maestra como Lourdes me facilitó abrir la puerta de otras enseñanzas a las que yo siempre me había resistido. Sus meditaciones fueron mi iniciación en el mundo de la mente y la calma, que fue la base para llegar hasta el lugar en el que estoy hoy. A convertirme en la guerrera que ella ve en mí.

Susi Bonilla fue el desafío. Encontrarla me hizo redireccionar el foco hacia mi interior de una manera diferente. Tenía que ir quitándome todas las capas que a lo largo de los años me había colocado y llegar al centro de mi alma. ¡Menuda tarea! Encontrarme cara a cara con mis emociones. Pero también con algo que me insistía, mis fortalezas. Recuerdo sus palabras «tu nueva circunstancia personal va a mostrarte nuevas fortalezas que desconocías», me resultaba muy difícil interiorizar aquellas palabras que me dijo mirándome a los ojos, sin embargo, debo reconocer que las he ido descubriendo, y estoy segura que todavía me queda alguna más que reconocer. Su ayuda fue fundamental para sostenerme y ser capaz de escribir este libro, mi agradecimiento es tan intenso como lo fueron sus clases.

Doctora Rosario fue el gran foco. Reconozco que gran parte de mi mejoría ha sido gracias a ella. El primer día que entré en su consulta, lo hice con un miedo atroz: una nueva médica de cabecera, volver a contar todo el proceso, ¡a saber qué me iba a decir!, ¡cuánto me iba a juzgar! Pero aquella mujer lo primero que hizo fue mostrarme una sonrisa maravillosa, repleta de luz. Y me relajé. Le expliqué y me escuchó. Al acabar no me juzgó. Lo primero que hizo fue hablarme de mi enfermedad, como si estuviera en mi cuerpo, porque hablaba de cómo me sentía. Recuerdo que lloré y me hubiera encantado levantarme para abrazarla, darle las gracias por ser la primera médica que me hablaba de lo horrible que era la fibromialgia, que entendía mi estado de depresión y me animaba a ir poco a poco aceptando mi estado para con el tiempo mejorar. Me tendió la mano desde el principio, consulta tras consulta fui sacando un poco más la cabeza del pozo. A veces, cuando no me podía levantar de la cama, me atendía por teléfono. En alguna ocasión, debido al sufrimiento, le hablaba llorando por la fuerza del brote que tenía, y lo que encontraba por su parte, además de la dulzura con la que me hablaba, eran palabras de apoyo, cariño y comprensión. Nunca me ha juzgado, nunca ha dudado. Recibir este trato de la médica de cabecera para una enferma de fibromialgia es una ayuda impresionante. Empezó a hablarme de la mente, diferenciando que no era un problema mental que me inventaba, sino un problema mental que me desgastaba, porque el dolor desgasta cuerpo y mente. Me explicó algunas cosas que podía hacer para mejorar y le pareció bien el apoyo de Lourdes, me dijo que ese trabajo definitivamente me iba a ayudar. Cuando entro en su consulta, no mira el reloj, no tiene prisa, me escucha, me mira a los ojos, me cuenta qué tipo de investigaciones se están realizando, me dice «estoy convencida que están cerca de encontrar una solución».

La doctora me habló de hacer ejercicio suave, el que mi cuerpo resistiera, sin esfuerzos. Ir al mar, dar paseos por el cauce del río, llenarme de la vida de los árboles, disfrutar de mis animales. Para mí es un ángel que ha llegado a mi vida, me siento muy afortunada por sentir su apoyo y comprensión. Alguna vez me ha llegado a ver tan mal que su gesto me ha impresionado hasta a mí. Recuerdo una vez que trató de ayudarme a levantarme de la silla, pero le pedí por favor que no me tocara porque en ese momento nadie podía rozarme la piel, ni enderezarme, ni mover el cuello, toda yo era la más absoluta rigidez... y me propuso un parche de morfina dadas las circunstancias que finalmente, ambas decidimos dejarlo para más adelante por temor a las reacciones que podía tener. Siempre me da a elegir, respeta mi pensamiento y llegamos a un acuerdo. Es una médica como pocas he visto, he roto a llorar en su consulta y me ha transmitido ese lado humano que tiene, que te permite salir de allí sabiendo que no estás sola. Soy consciente de que muchas y muchos de los que me leéis, diréis que soy afortunada. Lo sé, lo soy, y por eso cada día me digo que tengo que seguir caminando como hago, que si viene un brote, le dejo un día en mi cuerpo, pero sigo, y sigo, no me rindo ni me rendiré jamás. Y de eso me ha enseñado mucho la doctora Rosario, incluso cuando he ido con mi madre, a la que le ha dado directrices para afrontar juntas la enfermedad. Y sus palabras, ¡cuánto bien hacen las palabras! Siempre animándome, siempre apoyándome.

Imagino que entendéis que es mi mayor linterna, la comparo a un faro en el mar. A ese faro que alumbra a los barcos para que no se pierdan en la noche: justo eso fue y es lo que hace para mí, me ayuda a que no vuelva a perderme en la oscuridad del pozo de la fibromialgia. Eternamente agradecida. No creo que tenga vida suficiente para darle las gracias.

7
EL CAMINO TORTUOSO HASTA LA ACEPTACIÓN

«Aceptar no es resignarse:
es ver la realidad tal y como es
para afrontarla mejor».
EMILIO VALCÁRCEL

Diario 16 junio 2020

Querida Luz.

Quiero enviar esta carta a la Luz del año 2018 para darte las gracias por haber resistido, por no haber cedido a esos pensamientos tan difíciles de manejar. Por dar un paso atrás a tiempo, por cerrar la ventana. Soy consciente de ello, soy consciente de que la cabeza es tan fuerte que te viste indefensa ante la necesidad de acabar. Sé lo que sufriste para soportar el dolor, sé las veces que lloraste pensando que tu vida iba a ser una desgracia, y hoy quiero darte las gracias por haber decidido vivir.

Estoy convencida de que haber terminado con tu vida no hubiera sido para nada un acto cobarde ni valiente, ni nadie hubiera tenido la culpa. Creo que quien decide poner punto y final a su vida, tal y como lo viviste, comete un acto de dignidad con uno mismo, que no puede convertirse en un estigma de tormento para los que se quedan. Hubiera sido injusto que tu propia familia hubiera sentido eso. Ellos no tenían la culpa de cómo te sentías, no podían ayudarte porque era un tema completamente individual. Un adiós ante la desesperación no puede convertirse en algo que no se debe hablar, en una vergüenza, ni en una batalla perdida.

Por eso hoy quiero hablar de ti, de esa Luz que sufrió para superarse, que se levantó como dice la canción de Rozalén para tratar de vivir, y que ha conseguido llegar hasta aquí cambiando de una manera total. Que invirtió aquellos pensamientos repletos de oscuridad por otros llenos de claridad. Tienes tanta gente importante ahora en tu vida, cada día nuevo lo agradeces para poder vivirlo a tope, por poder levantarte y seguir en pie. Además de permitirte vivir desde el amor.

Por todo esto siento la necesidad de agradecerte que me hayas permitido descubrir mi propia fortaleza. Gracias, Luz, por esta nueva oportunidad de vida que me has dado. Como ves, no la estoy desaprovechando, al contrario, he aceptado quién soy y cómo estoy, aunque no voy a negarte que ha sido muy doloroso aceptarme como enferma crónica, pero también es necesario para seguir caminando y fortaleciendo a mi manera mi vida.

Gracias desde lo más profundo de mi corazón.

Te quiero.

Luz

BROTE

Normalmente me llega después de algún cambio emocional o estacional. También es verdad que si fuerzo mi cuerpo, aunque sea un paseo, una ducha o cualquier movimiento brusco, se resiente y se queja agudamente. Cuando llega un brote, siento como si tuviera cientos de agujas clavándose en mi cuerpo. Otras veces, empiezo a sentir que me falta el aire, que no puedo respirar, porque si lo hago duele. En alguna ocasión, mis músculos se retuercen, en otras se agarrotan provocándome un dolor agudo. El único consuelo que encuentro es quejarme, dejar salir de mi alma un quejido a cada poco rato, a cada movimiento que hago de este cuerpo dolorido. Suelo encerrarme en mi habitación y liberarme así. Aunque reconozco que últimamente he dejado de quejarme tanto como al principio, quizá porque entonces la emoción que más me hacía prisionera del desgaste físico y mental era la rabia; ahora me acompaña la serenidad que es mejor compañera, aun así, algunas veces el sufrimiento es tan agudo que sigo liberando ese dolor constante que agota con algún quejido en voz alta.

En dos años y medio he tenido tantos brotes que he perdido la cuenta. Una de las veces, llamé a urgencias asustada, pensé que me estaba dando un infarto debido a la opresión en el pecho y brazo izquierdo. Llegaron rápidamente. La médica, cuando me vio, se asustó por mi estado. Una vez le expliqué que tenía fibromialgia, se aseguró de hacer su trabajo para descartar el infarto. Era otro dolor muscular más que se daba con la enfermedad. Me inyectaron un relajante muscular, me dijo que me tomara el doble de calmante y poco a poco iría desapareciendo. Le pedí disculpas por alertarles y me encontré con otra pequeña linterna: me respondió que había hecho lo correcto, incluso que si no se me pasaba, o iba a más, me enviaría una ambulancia para ingresarme. Agradecí su trato. En apenas un mes, los médicos de urgencias vinieron varias veces a mi casa: me tenían que inyectar porque no me podía mover: o una jaqueca me acompañaba varios días con vómitos que no cesaban; o no podía respirar del dolor de las contracturas; o se me había quedado el cuello rígido aportando mareos por si todo lo que viví no fuera suficiente.

Todo esto que te cuento trata de mostrarte cómo fue —cómo es todavía— mi vida. Todas las dolencias que he sabido ir superando hay veces que siguen visitándome. Por eso somos enfermas crónicas, porque el dolor va cambiando, si bien siempre está ahí. Vamos mejorando nuestra relación con él. Yo he aprendido a escuchar mi cuerpo, tratar de aliviarlo con las técnicas de respiración, aunque es cierto a veces es tan fuerte que lo mejor es dejarse vencer, pues tampoco pasa nada por ello. Y es muy sano para «seguir en armonía con nosotras mismas», como bien dice Pilar Castro-Villalba.

Esta lección la aprendí en la siguiente visita con Alejandra. Le comenté que no tenía fuerzas para seguir luchando contra la enfermedad, que yo había intentado aceptar mi situación, pero era imposible, no me sentía capaz de verme como una enferma para el resto de mis días. Se lo dije llorando, hundida como estaba en la silla, mientras mi mirada se perdía por el balcón tras ella, viendo como las grandes hojas de las palmeras eran sacudidas por la fuerza del viento. Así me sentía yo, sacudida, yendo de un lado a otro de la oscuridad. Alejandra me miró con esos ojos azules cielo que te transmiten calma, esta vez con gesto contundente, a la vez que utilizó un tono más fuerte de lo que acostumbra para atraer toda mi atención:

—Estás tomando el camino equivocado, cuando se trata de ACEPTAR, es darse cuenta que la fibromialgia no es tu enemiga. Tienes que encontrar en tu cabeza la manera de asumir que forma parte de tu vida. ESCUCHA lo que te dice tu cuerpo, y APRENDE a vivir con el dolor.

¿Qué hacía yo?, negarme, resistirme. Aquí entra la palabra «luchar», ¿te acuerdas? Porque me habían insistido que había que luchar contra ella. Y lo único que lograba era más y más dolor, más y más desesperación. En mi regreso a casa me puse la meditación que Lourdes había grabado para mí, quería tomar el poder de mi mente. Ese día, al terminar de escucharla, lloré como una niña, un llanto incontrolable. Cuando me calmé, me di cuenta de que había estado equivocada durante mucho tiempo, me había estado destrozando yo sola, con el apoyo de mis emociones tóxicas, porque no era cuestión de luchar ni resistirse a lo que estaba sufriendo. Ese día se abrió mi mente, aunque tenía la duda de si sería realmente capaz de hacer un trabajo mental tan arduo y aceptarme tal y como estaba viviendo en ese momento. Aquellas lágrimas fueron la base de mi recuperación.

Al día siguiente tenía que ir a la Doctora Rosario para renovar la baja. Volví a tener una charla interesante con ella, insistió en el mismo camino que Alejandra y Lourdes. Me habló de ese trabajo mental que debía tratar de seguir haciendo, sin abandonarlo, por muy complicado que fuera. Ese día, me animó a que me pusiera manos a la obra y escribiera mi propia experiencia, porque estaba segura de que podía ayudar a mucha gente que sufría como yo.

Te explico cuál fue mi trabajo mental, porque es cierto que tenía su dificultad.

En mi charla mensual con Lourdes me comentó que tratara de ver lo que la vida me ofrecía, que lo acogiera: «la vida te va dando pequeños toques o grandes para mostrarte el camino. Hay que abrir no solo los ojos, también la mente y el corazón». Al terminar de hablar con ella, me llegó un email desde mis buenos amigos de la librería Bibliocafé: un taller de escritura terapéutica... y acepté hacerlo. No lo pensé, y eso que soy muy tímida, me cuesta mucho hacer este tipo de actividades en las que tenga que hablar delante de la gente. Jamás pensé que en este taller iba a aparecer otra linterna potente en mi vida, mi profesora, Susi Bonilla, escritora y psicóloga, un ser de luz.

En una de mis charlas antes de la clase, le comenté lo que me pasaba y que quería aprender a hablar de mí para escribir un libro autobiográfico que reflejara mi experiencia. En mi primera charla, ella me nombró la misma palabra ACEPTAR: era cuestión de aceptar tus cambios, tu manera diferente de ser y no juzgarte, para poder evolucionar y vivir. Porque ACEPTARTE ES EL FIN DEL PODER DE LA FIBROMIALGIA. Y aceptarte es quererte. Así fue como empecé a trabajar en aquel taller que parecía haber sido cosa del universo que llegara a mi correo. ¡Una manera potente! ¿Verdad?

Te recomiendo un ejercicio que hacíamos ante un papel en blanco, cronometrando el tiempo de escritura, tres o cuatro minutos. Dejar fluir lo que siente tu interior y después leerlo. Yo descubrí que mi interior era oscuro, había veces que no podía leer lo que escribía; otras, lloraba al ver cómo estaba. Me daba cuenta de que no llegaba a conectar con el SER. Reconozco que los correos de Susi tras los ejercicios, que nos enviaba a casa, me ayudaron muchísimo. Concretamente hubo una frase que se quedó grabada en mí y la comparto por si te ayuda de la misma manera que me ayudó:

«Aceptarte es quererte, quererte es escucharte. Tu cuerpo habla y tienes que escucharlo. Nada más... y nada menos».

Nada más y nada menos. ¡Gran verdad! ¡Qué complicado era! Así que le hice caso, empecé a aceptarme, quererme y escuchar a mi cuerpo.

Durante la noche, seguía con las meditaciones, y aporté a mi trabajo mental de aceptación la escucha de los quejidos de mi cuerpo. Tengo que decir que mi habitación está preparada para tener todas las comodidades que necesito cuando me dan los brotes: la cama articulada; una bandeja para poder comer; los almohadones para colocarlos repartidos por mi cuerpo; un atril para poder leer porque es imposible sujetar un libro o tener la tablet... De esa manera, por la noche, cuando comenzaba a trabajar mi mente, subía el cabecero de la cama, me ponía lo más cómoda posible y me repetía una frase:

«ACEPTO QUE ESTÁS CONMIGO, SI BIEN, EL PODER LO TENGO YO. ME ACEPTO, ME AMO Y ME APRUEBO».

Fue un mantra que repetía sin cesar. Unido a la práctica de la técnica del Ho'oponopono que me ayudaba a silenciar mi mente antes de que pudiera llegar a ella cualquier pensamiento tóxico. También empecé a trabajar con mis emociones. Había superado los peores momentos de cuando quise suicidarme, pero quería que no volviera a mí nunca más, de ahí que sabía que necesitaba cambiar mi interior por completo. Lo primero que hice fue bajar ese miedo, que le confesé a mi gato, en intensidad. No podía tener miedo, porque me paralizaba. Entonces acepté que estar enferma no significaba vivir en la oscuridad, debía llegar a un acuerdo conmigo misma para poder transitar hacia la claridad. Cambiar de vida no significaba ir a peor. Eso era vital para mí, mentalizarme de que sí, ya no era la Luz de antes, era otra que tenía ciertos límites que aceptaba, y que tenía una vida por vivir. Empecé con ese trabajo que me había recomendado Susi. Una de las cosas más difíciles, incluso más que aprender a convivir con la fibromialgia, fue aprender a quererme. No sabía por dónde empezar, no tenía ni idea, porque jamás había reparado en esa opción. Es más, soy de las que pensaba en el bienestar de los demás, antes del mío propio. Con esa premisa, ¿por dónde empezaba, si era capaz de escribir esto?:

Diario 4 septiembre 2019
Si tengo que hablar de mí, no sé ni por dónde empezar, no sé muy bien qué hay de bueno en mí, supongo que tendré cosas, pero no sé si soy capaz de encontrarlas. Ahora, si quieres que te cuente lo que no me gusta, no habrá suficientes hojas para este ejercicio.

Esa era yo: como ves, tenía mucho trabajo por delante. Aunque lo mejor de todo es que, cuando releí este ejercicio, me di cuenta de que no podía ser así, que no era verdad, y que debía empezar a trabajar duro para quererme. ¡Me merecía quererme! Porque quería estar fuerte para seguir hacia delante. Me abrí camino con la música, pues la música es muy importante en mi vida. Por las noches me ponía música de relajación, pero por el día, cuando salía a pasear para no escuchar el dolor del cuerpo a cada paso, sus quejidos, sus ruegos de detenerme, subía el volumen escuchando a Rozalén. ¡Si ella supiera lo que me aferré a la canción Levántate! La convertí en un himno para mí, las primeras estrofas me daban fuerza, porque la música es lo que nos da: emoción, sensibilidad y fuerza. Lo comparto con la esperanza de que pueda servirte de igual manera que a mí:

Levántate frente al viento, embóbate con los colores del atardecer.
Levántate y al rozar las hojas confunde quien acaricia a quien.
Levántate que el frescor del verde del césped erice tu piel.
Levántate siéntela, siéntete, gózala, lala.

La fuerza de ese levántate y el regalo sobre la naturaleza que tanto me apasiona, empezó, efectivamente, a darme fuerzas para levantarme de la cama. Saber que debía empezar a mirarme al espejo todas las mañanas y decirme que me quería. ¿Serviría? Al principio me pareció una tontería que me costaba horrores, pero me daba cuenta de que me iba encontrando mejor. ¿Quién era la persona más importante en mi vida?, ¿la que iba a estar en cada dolor, en cada superación, en cada brote? Yo. ¿Y si hacía caso a Susi, a Alejandra, a Lourdes, a mi doctora y empezaba a escucharme? A veces no podía creer que estaba hablando de mí, cuando me daba el brote y me hablaba con cariño. Me tranquilizaba sola, aprendí a dejar de quejarme, aprendí a apartar la palabra dolor de mi vocabulario. Fue un cambio que me llevó casi un año, trabajé mucho mi interior, hasta que llegó el momento en que me miré al espejo y en voz alta encontré las fuerzas suficientes para decirme:

«ME ACEPTO TAL COMO SOY».

Y cuando mi cuerpo se quejaba, aprendí a escucharlo, no a luchar contra él, ni resistirme; tampoco tensarme, porque, si lo hacía, los espasmos de dolor provocaban que saltara en la cama. Me negué a sentirme una desgraciada, me negué a seguir sufriendo, pensando que mi vida era un desastre, que yo era un desastre. No. Dejé de lado todos estos pensamientos y aprendí a relajarme ante el ataque de la fibromialgia. Dejaba que me invadiera, porque sabía que sería por un espacio corto, porque no estaba dispuesta a dejarle mucho tiempo ser la protagonista. Y con este cambio mental fui superando brote, tras brote.

Incorporé a mis momentos de tensión la técnica de respiración. No me rendí, aprendí a levantarme, aun con dolor bajaba a la calle y mentalmente me iba diciendo que podía hacerlo, que lo estaba haciendo bien. Si recaía no me juzgaba; si quedaba con alguien y no podía ir, no me reprochaba duramente lo idiota que era por creer que tenía una vida. ¡Pues claro que tenía una vida! ¡Tengo una vida maravillosa junto a mi familia, mis animales, mis amistades! ¡Una vida repleta de novelas por escribir! ¡De paseos que dar! ¡De países que conocer! ¡De poder ser una ayuda a quien está pasando lo mismo que yo! No había sufrido tanto como para dejarme vencer, quería levantarme, día tras día, y lo fui consiguiendo.

¿Fue sencillo? No.

Contrariamente a lo que mucha gente cree, la fibromialgia no solo te anula con el dolor, también te anula de otras maneras. Por ejemplo, aprendí que aquello extraño que me pasaba en la cabeza se llama fibroniebla. La fibroniebla es la incapacidad de concentrarse o retener información. Imagínate cómo me sentí. Una escritora que se pierde durante el relato, que se olvida de nombres de personajes, ¿qué tipo de escritora es? Pues yo, yo soy esa escritora que ha adaptado también su forma de trabajar, me apunto los nombres, las tramas, hago esquemas sobre lo que tengo ya escrito. Todo lo que sea necesario, pero sigo haciendo lo que me apasiona. Y cada día que acabo de escribir me doy la enhorabuena y las gracias por lograrlo.

También conlleva más cosas, que cada enfermo/a experimenta de maneras diferentes. Lo que tengo claro es que en mi caso tenía que trabajar ese cajón de sastre que era mi interior. ¿Todo fue bien? Pues a veces sí, a veces no, pero es que la vida es así, estés o no enferma. Los sueños siguen estando ahí, aunque no salgan a veces como esperas. Lo mejor de todo es mantener una ilusión para seguir afrontando el día a día. La mía es que voy a vivir con la compañía de la fibromialgia; sin embargo, voy a vivir queriéndome y cuidándome, sin juzgarme. Usando la fortaleza que he descubierto en mí. Esto, sin la aparición de la enfermedad, no habría sido capaz de encontrarla ni de descubrirme. En cierta manera, le doy las gracias por mostrarme esta Luz que no creí pudiera existir.

En el tiempo más complicado para mí, en el que todavía no me había aceptado, tuve la oportunidad de hacer una presentación de mi última novela en Madrid. La ilusión que sentía era enorme, pero también el miedo a no poder. Alejandra en ese momento también me aportó otro dato: vivir el momento. Me animó a que fuera, a que no pensara que no podría hacerlo, sino lo contrario: visualizar que iba en el tren, llegaba a Madrid, hacía la presentación, vendía mis libros, firmaba autógrafos, compartía charla y risas... Y me volvía a Valencia feliz.

Llegó el momento del viaje, durante todo el camino en el tren traté de pensar lo mismo. Agradecí que durante el trayecto me acompañara Sonia desde el móvil, que me distrajo lo suficiente para no dudar ni un segundo de que iba a lograrlo. Además, soy tan afortunada que mi amiga Mar me hizo todo tremendamente fácil. Se encargó de mí desde el mismo momento que bajé del tren, me llevó la maleta para que no me doliera el brazo ni la espalda, fuimos en metro para evitar viajes más largos en autobús. Llegué al hotel, que era un regalo de mis tres amigas que tanto me han ayudado, Patri, Mar y Sam. ¡Cómo voy a quejarme! Si la vida me ha ido dando gente y situaciones para disfrutar.

En alguna ocasión, cuando flaqueaba porque aún era inexperta, pensaba que iba a quedar fatal con la persona que había sido mi contacto. Días antes, el apoyo de María fue vital para mí. Era la dueña del café librería Vergüenza Ajena, en el que iba a hacer mi presentación, y me encontré un ser maravilloso que me regaló su comprensión y me dio todas las facilidades. Confieso que me sentí arropada.

Llegó el momento de la presentación, lo que tanto había soñado durante tantos años estaba ahí, delante de mí. Aquel lugar estaba lleno de amigas que habían venido a apoyarme, a darme un abrazo... y no solo abrazaron mi cuerpo, lo más importante fue que me abrazaron el corazón. Fue un sinfín de emociones, sentimientos, agradecimientos; ocurrió todo como lo había visualizado, aunque la presentación podía haberla hecho mejor, porque mi cabeza a veces fallaba, ya que aún no había aprendido a no cuestionarme.

Todo fue bien hasta llegar a la hora de acostarme, pues en ese instante mi cuerpo se reveló. No podía moverme en el colchón, tuve que levantarme, pasear por la habitación y sentarme en una silla. El dolor era intenso, tanto, que a la vuelta estuve cuatro días sin poder moverme de la cama. Pero lo había hecho y eso era lo que me repetía una y otra vez. Había disfrutado de la presentación, de la gente, de mis amigas, pude hacerlo. Eso me animó a ver el lado bueno de aquel viaje, a ver el resplandor que también forma parte de la aceptación.

¡Qué importante es eso! Que la gente que te quiere te entienda y acepte ese cambio en ti. No te mortifiques con quien no entienda nuestro cambio. La gente que no cree que tenemos ciertas limitaciones y va alejándose de nosotros, ¡eso que ganamos! Menos toxicidad, ¡no somos culpables de nada! Esto, por favor, es muy importante: ¡NO HAY CULPA! Estar enfermo/a no es ser culpable de nada.

Necesitaba dejar de ver el lado oscuro de todo: ya no podía hacer un montón de cosas que me gustaban, como caminar por la ciudad, mi pasión; no podía hacer gimnasia, ni ir a un local donde hubiera mucha gente, lo aceptaba. Sin embargo, podía salir a caminar y sentarme cuando me cansara, y con esa mentalidad empecé a salir a la calle; al principio, en paseos cortos. Me pasaba más tiempo sentada en un banco que caminando, pero lo hacía. Después fui aumentando los paseos, siempre acompañada por Alonso, el perro de mis padres, que ha sido fundamental en esta nueva vida.

No podía hacer la gimnasia que hacía antes, de hecho, como anécdota, contaré que fui a hacer la gimnasia grupal en la Asociación Avafi, de la que quiero explicar su labor con las pacientes de fibromialgia y síndrome de fatiga crónica con apoyo psicológico, social, talleres, cursos, y en mi caso, siempre que he necesitado algo, he contado con su ayuda. La primera sesión de gimnasia me tuvo seis días sin poder moverme, pero yo insistí en volver a probar; la segunda sesión me provocó un brote bestial. Entonces, como había hecho con mi mente, me ocupé de mi cuerpo. Iría poco a poco, María, la fisioterapeuta, me dio las pautas para algunos estiramientos, algunos ejercicios suaves, y volví a encontrar mi tono. Había días que no podía, y lo dejaba, no me exigía. Esto es muy importante: no te puedes exigir ni poner metas imposibles porque llega la frustración, otra emoción frente a la que hay que saber imponerse. No puedo hacer abdominales, está bien, hago otro ejercicio. No puedo ir a la playa cargada con la bolsa y demás, está bien, voy preparada de otra manera. No puedo hacer lo que sea, ¡de acuerdo, no pasa nada!, lo haré a mi nueva manera. Pero lo haré. Y si no lo puedo hacer un día, no importa, recuerda lo que me digo:

«HOY TE DEJO A TI, PERO MAÑANA ME LEVANTARÉ Y SEGUIRÉ».

Y el día que no puedo, me quedo sin hacer nada, en la cama o dejando pasar el día. Al dolor le tengo paciencia, que es otra de las actitudes que he desarrollado y es muy importante a la hora de sobrellevar un brote. Y cuando llega la noche me digo: mañana me levantaré de la cama y seguiré. Voy a explicar cómo se levanta un/a enfermo/a de fibromialgia: nos duelen hasta las pestañas, normalmente te acompaña un leve dolor de cabeza, a veces, una migraña, la rigidez en nuestro cuerpo o manos asusta, empiezan a sonar todos los ruidos que te acompañan en tu cuerpo, espalda, hombros, cuello, ¡hasta las ingles! ¡Parece que te vas a romper en pedacitos! Tu nuevo cuerpo es así estás encarcelada en él queramos o no. Pero me levanto y trato de ponerme el desayuno, a mi ritmo, sin exigirme más de lo que puedo. Y hago la cama a veces de aquella manera, pero la hago. Y si no puedo pasear al perro porque todavía no estoy fuerte para hacerlo, no pasa nada, trato de hacer algo más tranquilo: leer, escribir si mis dedos me dejan, o echarme en la cama escuchando la meditación o a Elías. Pero muy importante, lo hago todo SIN JUZGARME. Hoy no puedo, vuelvo a aceptarlo y pienso que mañana podré.

Mi madre me decía, ¡venga, que tienes que poder! Me daban ganas de gritarle, a veces lo hacía, porque el carácter también sufre un cambio, lógicamente, ¡a quién no le pasa conviviendo con el dolor! Mi madre insistía y yo le decía que no, que no podía, ¿y qué pasaba? Pues eso, que no podía. Hasta que tomé el mando de mis emociones oscuras, las fui alejando de mí durante la meditación, iban en ese globo que con cada espiración dejaba salir, se iban bien lejos, y cada día me iba sintiendo mejor. Aceptarme, era darme cuenta de que nadie más que yo tenía el poder de vivir, no estaba dispuesta a dejar que la enfermedad me marcara el camino nuevamente hacia el pozo. Lo había sellado, lo había cerrado con un candado y había encontrado la fortaleza suficiente para levantarme día tras día, utilizando las palabras hoy puedo, ¡claro que puedo! Y sí, puedo a pesar de tener el cuerpo de pies a cabeza dolorido y un cansancio infinito que te dan ganas de gritar lo agotada que estás de sufrir, aunque intento la mayor parte de los días de no hacerle caso. Trato de seguir hacia delante, unos días mejor que otros, pero siempre con la cabeza bajo mi control. Si un pensamiento que me empuja a la negatividad llega, lo dejo pasar, he aprendido a omitirlo, a ver solo el poder que hay en mí, a repetir en voz alta ¡TODO ESTÁ BIEN!

Esto no quiere decir que pertenezca a esta nueva era de ese positivismo a tope, de «estés como estés, sonríe». No, una cosa es tener energía positiva para afrontar el dolor, otra no darme cuenta de mi realidad. Y si hay algún día que no me apetece sonreír, no lo hago. Sí me ha servido tener pensamientos de poder: de poder seguir y buscar apoyos, incluso darlos yo. Lo que tengo muy claro es que la fibromialgia se alimenta de nuestras emociones y hay que ser conscientes de esto; cuando peor estaba mentalmente, sintiendo todas las emociones negativas y elevando mi voz con palabras de desesperación, fue cuando tuve los peores brotes. Cuando soy capaz de pensar que a pesar de... puedo, son los mejores momentos en mi vida. A otro ritmo, a otra forma de la que era. Si bien te digo que ya no recuerdo cómo era antes, ya dejé de decir ¡con lo que yo era! Eso ya pasó y no me sirve nada más que para amargar mi presente. Porque esto es otra experiencia vital, vivir en el ahora, en el presente. Os recomiendo el libro de El poder del ahora, de Eckhart Tolle. De este libro quiero compartiros un apartado muy importante que a mí me ha ayudado, dice así:

- «El cuerpo-dolor, que es la oscura sombra proyectada por el ego, en realidad teme la luz de tu conciencia. Tiene miedo a que lo descubras. Si no llevas la luz de tu conciencia al dolor, te verás obligado a revivirlo una y otra vez. En el momento en que lo observas, en cuanto sientes tu campo energético dentro de ti y llevas tu atención hacia él, la identificación se rompe. Yo la llamo presencia. Esto significa que ya no puede usarte pretendiendo ser tú, ya no puede alimentarse a través de ti. Has encontrado tu mayor fuerza interior. Has accedido al poder del ahora».

Ya no miro mi futuro, no hago planes para nada, mucho menos me arrepiento o culpo por mi pasado las cosas que no hice. Ahora dejo que la vida me sorprenda. Ahora, este momento preciso, es el que vivo. Y me funciona muy bien no mirar atrás; la que fui estuvo bien, pensar en la que seré es una pérdida de tiempo, pero la que soy ¡es mi mejor versión!

8
UNA VEZ LLEGA LA ACEPTACIÓN, SEGUIMOS

«La gente cree que la paciencia es pasiva,
y no es así.
La paciencia es activa,
es fuerza concentrada».
EDWARD G. BULWER-LYTTON

Diario 3 mayo 2020
ATAQUE INFERNAL
Hoy he vuelto al pánico, el dolor más agudo me ha hecho tambalear. Es complicado expresar con otras palabras mi noche agónica, terrible, infernal, no había ni una sola postura en la cama donde no me doliera algo. Por momentos pensé que dormía sobre una tabla de clavos con las puntas apuntando hacia mi cuerpo. No recuerdo la hora, me he tenido que sentar tratando de, con algún estiramiento, recolocar todos mis músculos. Los tendones del cuello estaban tan rígidos que he ido a moverlos y me ha dado tal crujido que me he quedado quieta. Solo me han funcionado mis ojos para llenarse de lágrimas. He hecho las respiraciones pertinentes, tratando de tranquilizarme.

La noche, una más, aunque distinta a la mayoría, noche en máxima soledad rodeada por el silencio tan maravilloso que me regala este confinamiento, y que disfruto cada minuto en que el insomnio se ha convertido en cruel protagonista. Después de un rato controlando la respiración, he notado que me empezaba a bajar la ansiedad que se había apoderado de mí. Tras un suspiro, he vuelto a acostarme, y gracias a ese silencio, al apoyar el hombro sobre la cama se ha roto la paz de mi habitación y de mi calma. Un crujido, acompañado por un mareo, ha sido tan intenso que pensé que se me había salido el hombro. He cerrado los ojos ante el dolor, y por mi cabeza ha vuelto a pasar ese pensamiento de YO NO PUEDO NI QUIERO VIVIR ASÍ.

Aquí se ha desatado una lucha feroz entre tranquilizarme o asustarme más; al final, con una gran dificultad hasta para tragar, he girado mi cuerpo lentamente quedando hacia arriba, acompañada por más crujidos repartidos por cuello, hombros, espalda, codos, muñecas... Desde esta perspectiva veo reflejadas en el techo las luces de la calle que entran por mi ventana, se proyectan entre luces y sombras que representan tan bien cómo me siento. La parte luminosa, que quiere seguir hacia delante a pesar del dolor, contrasta con esa oscuridad que esta noche ha sido protagonista, queriéndome arrastrar y gritándome que esta es la vida que me espera, rota y repleta de dolor. Inservible para vivir una vida digna. Cansada, agobiada, hundida, sin fuerzas, sin ánimo. Y por mucho que trato de recomponerme, la oscuridad vence. Los codos, ¡ay, los codos!, soy incapaz de apoyarlos sobre el colchón, el simple roce me hace quejarme amargamente, noto los tendones de mis brazos rígidos como si fueran cuerdas de un arpa.

Me altero, me angustio y entonces llegan los espasmos, comienzan por las piernas, se mueven solas, saltan sobre el colchón. Los nervios crecen porque es una sensación muy molesta, y entonces aparecen también en los brazos. Ellos se mueven como si me dieran una descarga eléctrica, un, dos, tres segundos. Quiero coger el móvil que está en mi mesita, pero es imposible mover los brazos, necesito conectar la relajación, porque noto que la oscuridad sigue haciéndome prisionera y me estoy ahogando. La cabeza también ha decidido unirse a la fiesta de moverse sola, se levanta de la almohada un segundo, quizá dos. ¡Esta sensación es la más desagradable para mí! No puedo controlar estos movimientos y en ese momento las lágrimas salen ya solas. Me cuesta un mundo moverme porque el dolor en mi omóplato izquierdo me impide hasta respirar, algo se clava ahí provocando otra vez un daño insoportable. Algo afilado que me desgarra. La angustia en este punto ya es incontrolable, y lo sé, sé que he perdido. Cuando por fin, tras tratar de aguantar unos minutos de lado, consigo despegar mi cuerpo del colchón, alcanzo el teléfono: son las 3:45 de la madrugada, si cuento que la noche anterior no dormí nada llevo un sinfín de horas despierta.

Me duele la cabeza, y noto otra vez como mis palpitaciones van aumentando. Finalmente, conecto mi meditación, como me dijo

Lourdes, los delfines me ayudarán. Pero el dolor de esta noche, a pesar de haberme tomado la medicación, es insoportable. ¡Y llevo tres noches y dos días así! En este momento de la madrugada llega a mi mente la voz de mi abuela Pepa cuando le decía a mi abuela Conchín: «Que Dios no nos dé a pasar todo lo que podemos soportar...».

Tengo miedo, mucho miedo, miedo a que mi vida sea siempre así, mi futuro sea como mi presente de hoy. Los espasmos de la cabeza y brazos parece que han ido calmándose, no así las piernas, que de vez en cuando me asustan. Ese terror lo ha debido de notar él, ha llegado hasta mi almohada y se ha acurrucado conmigo: Shiva, mi gato. Su presencia, su suspiro y su ronronear delicado han logrado sacarme del círculo de mi pensamiento. Al salir de ese círculo que me ahoga, suspiro suavemente porque el omóplato sigue insistiendo con sus pinchazos. Vuelvo a respirar, recobro el poder de mi mente que se abre provocando que lleguen a mí un montón de palabras de gente que no conozco, pero somos compañeras fibromiálgicas que nos animamos conjuntamente, unos días son ellas, otros yo. Son compañeras de dolor, sufrimiento, angustia, pero también de aliento, apoyo, espejo y me siento menos sola, menos sombra y más luz. Trato de eliminar, suprimir, borrar de mi cabeza esas palabras... siempre será así... Busco mi fuerza dentro de mí para decirme calma, calma, calma. Y comienzo a inspirar, a espirar. Otra vez, y otra más. Me llegan los pinchazos en los pies, las piernas vuelven a saltar, pero sigo insistiendo... calma, duele, sí, pero calma.

Y como la luz de una linterna rompe la oscuridad, ha llegado mi paciencia, mi fuerza para encontrar nuevamente el equilibrio con la respiración.

Aún duele, y sé que dolerá. Vendrá otra y llegarán mil más como esta noche, en la que he vuelto a caer en el pozo de la amargura para darme cuenta que sí, estoy enferma; sin embargo, quiero continuar viviendo, respirando, sonriendo. Intentando que la fibromialgia no se alimente de mis emociones. Que un día le dejaré mandar a ella, pero cien mandaré yo. Y este pensamiento, aun sintiendo mi carne dolorida e insoportable, me ayuda a volver a la claridad desde la más pesada oscuridad. Al final, he recobrado el poder del ahora y he conseguido calmarme.

Gracias por rescatarme, Shiva.

A continuación, voy a seguir explicando la experiencia desde la aceptación. Aceptarse no significa que todo va a estar bien, que estás curada, que nunca más tendrás un brote. Al menos yo he seguido teniéndolos. Por varios factores, de broma digo que somos capaces de ser corresponsales del tiempo, por ejemplo. Sabemos cuándo va a cambiar por la reacción de nuestro cuerpo. El tiempo que tanto influye en mi caso, sobre todo el calor y la humedad, provoca esos brotes de agarrotamiento del cuerpo; a veces es en el cuerpo entero, otras en zonas localizadas como manos, cuello, hombros, espalda...

Lo bueno, como comentaba antes de la aceptación, es que cuando te llega eres capaz de aceptar ese dolor. Yo me he hecho amiga y le escucho. Sobre todo, si me llega después de alguna reacción emocional por mi parte, tanto buena como mala, aparece en forma de pinchazo continuo en todo el cuerpo: los espasmos; el agarrotamiento, a veces con diarrea o dolor de estómago; otras con jaqueca y vómitos; otra solo esa dolencia aguda, aunque hay muchos más síntomas que sufrimos. Sé que en ese momento tengo que tener, por este, orden el siguiente comportamiento:

- ACEPTACIÓN
- PODER
- PACIENCIA

Durante el proceso de aceptación, que como ya he dicho fue largo y laborioso, llegó un punto donde cambié la exigencia por ponerme bien, por la paciencia de voy a encontrarme mejor. Fue un proceso mental que llevaba implícito el cambio en mi cuerpo. Una de las cosas que me repetía al aceptar, era «no seas dura contigo misma». Ser paciente es el proceso, es mi nueva circunstancia. Estas frases las decía cuando meditaba o simplemente cuando me ponía música de relajación para acallar mis reproches.

En las primeras crisis, después de darme cuenta de que no debía resistirme y debía dar libertad al dolor, acepté que pasaría horas físicamente agotada, pero le pondría remedio químico acompañado por la paciencia. Las recuerdo como una batalla en mi cerebro entre la parte que había marcado mi comportamiento durante toda mi vida y la parte nueva que acababa de nacer en mí. El control contra el poder.

Y mi poder fue ganando a esa otra parte, pero no de una manera fácil y sencilla, fue otro proceso del que aprender. Cambié la tranquilidad de sufrir por la paciencia, y me fue mucho mejor. La diferencia entre una y otra era que cuando el dolor se apropia de ti, al menos en mi caso, la tranquilidad no me funcionaba porque con los intensos pinchazos y descargas era complicado estar tranquila, y volvía sin darme cuenta a la resistencia, aumentando la fuerza del brote, de ahí que traté de tenerle paciencia.

¿Te acuerdas de la frase escrita al principio? Esa charla que mantengo con la enfermedad: «hoy te dejo permanecer en mi cuerpo». Esta actitud me ha llevado a encontrar pequeños destellos que van enfocando directamente a esa oscuridad que me cubre con un brote. «Ya está pasando, va a pasar, calma». Mientras, lo acompaño por la medicación de rescate. Y la paciencia ante el dolor me da el poder suficiente como para saber que ya queda menos. No exijo a mi cuerpo, esta es otra de las condiciones que he aprendido: vamos juntos de la mano él, mi mente y yo. Y así espero que llegue la fortaleza para levantarme, si no es al día siguiente, sé que será al otro. No me juzgo, miro mi cuerpo desde el amor y no desde la exigencia.

Mientras escribo esto me doy cuenta de mi cambio, he dejado marchar la furia, la ira y trato de funcionar desde la calma y el amor. Algo que si me lo hubieran dicho hace unos pocos años, no lo habría creído. Yo, «doña impaciencia irritada», jamás lo hubiera creído. Y no hablo de la ira contra los demás, de la impaciencia contra los otros, no, hablo de ambas cosas contra mí por sentirme mal, por sufrir esos dolores que me anulaban y, a veces, siguen anulándome.

Me culpaba tanto por ese malestar físico y mental insoportable, por ese infierno, que lo único que lograba desde esa posición era sentir una frustración horrible, que descargaba contra quien estaba cerca de mí y trataba de decirme que tenía que poner de mi parte. Cerca de mí siempre estaba mi madre, que desde el principio ha tratado de apoyarme. Pero no podía escuchar que me dijera que tuviera calma, no lo soportaba, tampoco sé muy bien qué quería escuchar o qué necesitaba escuchar. Por eso te hablo de la culpa, porque NO TENEMOS CULPA, somos enfermos/as que debemos convivir con el dolor, el agotamiento, la angustia, la soledad, el ir dejando cosas que te gustan porque no puedes hacerlas, la sensación de pérdida de lo avanzado para volver a empezar tras los brotes, y eso desgasta.

Solo nosotros/as sabemos el desgaste emocional del que hablamos, por eso estoy convencida, después de estos dos años y medio, que aceptarse y amarse nos ayuda a tener una fuerza especial para volvernos a levantar. Como Lourdes me decía: convertirnos en guerreros/as.

Un día me dije: ¡solo me conformo con caminar, ya sé que no voy a correr una maratón! ¿Y por qué no? ¿Por qué no voy a correr una maratón? Todo es cuestión de proponérselo, sin engaños ni exigencias, a nuestro ritmo, a nuestra manera. Lo importante es creer que habrá un día en el que maneje el dolor hasta el punto de creer en mí y hacer lo que quiera. ¿He corrido una maratón? No, todavía no, pero llevo semanas realizando ejercicio suave y caminando. Para mí esa es mi victoria, mi maratón. Indudablemente, cada una de nosotras y nosotros nos podemos poner una meta, una ilusión.

No hace falta correr. Quizá como yo hacía al principio: dar un paseo con el perro de diez minutos, ¡ya era mi logro! Bajar a la calle y dar una vuelta a la manzana, ¡fue por mucho tiempo mi maratón! Soy consciente de que a pesar de mi buena predisposición y mi cambio mental, llegarán más brotes. Pero ¿sabes qué? Sé que después de esos días volveré a levantarme y empezaré de nuevo, no me importa las veces que tenga que empezar, porque lo haré por un motivo: quiero vivir, a mi ritmo, pero quiero vivir. Mi mente volverá a decirme que, con paciencia, la fortaleza en creer llega y con la fortaleza, la aceptación, y con la aceptación, la sonrisa, el poder, el ser yo, diferente de la que fui, pero una mujer con miles de cosas, proyectos e ilusiones que hacer. Y mientras las tenga sé que vivo.

9
LA MIRADA DE AMOR DE LOS ANIMALES

«El amor es una palabra de cuatro patas».
Anónimo

Diario 6 octubre 2019
Hoy he vuelto a empezar a caminar una vez más; ya he perdido la cuenta de las veces que he empezado, una y otra vez, pero lo importante, me digo, no son las veces que lo he empezado, sino las veces que estoy dispuesta a hacerlo de ahora en adelante. Mis pasos van acompañados siempre por Alonso, mi fiel perro, él me quita el miedo, sí, miedo a caminar y tener que detenerme porque no pueda. A veces le digo, no puedo más. Él me mira y vuelve a tirar de mí, y es curioso, porque siempre puedo. Y con ese puedo hacerlo, voy consiguiéndolo. No sé qué haría sin Alonso, es mi entrenador, es mi apoyo en la calle, es mi mejor espejo, su felicidad al pasear, sus ganas de correr, de saltar, provocan en mí las primeras sonrisas. Reconozco que he dejado de sonreír, de dar una carcajada fuerte, pero él logra que en nuestros paseos las risas sean también una buena terapia. Le estoy infinitamente agradecida. Soy muy afortunada dentro de todo lo que estoy pasando, lo tengo a él y a Shiva. ¡Qué sería de una vida sin la compañía de un animal, de esa mirada! Los quiero con locura.

¡Seguimos! Hoy hemos llegado un poco más lejos, casi tres mil pasos, ¡estoy feliz!

Una cosa que tenía muy clara desde el momento que me propuse escribir este libro, era que iba a mostrar lo que para mí ha sido un apoyo incondicional día tras día; un apoyo para no sentirme ni sola ni perdida; una mirada con tanto amor y tan limpia que estaba en deuda con ellos y era imprescindible que aparecieran: nuestros animales. Y hago este pequeño homenaje hablando de los míos, aunque sé que son muchos los que nos ayudan a los enfermos crónicos, por todos ellos va esta gran luz que nos aportan a nuestra vida, a nuestros días oscuros.

En mi caso ha sido como una señal que yo en su día no supe comprender y que solo con el paso de los meses, incluso años, me he dado cuenta de por qué sucedió. Esa señal llegó a mí convertida en un gato muy especial llamado Pérez, a quien una vez conmigo llamé Shiva. Que es el Dios de la naturaleza, el que protege a los animales, también se le conoce como el señor de la destrucción. Lo más curioso ocurrió un tiempo después, al volver a buscar qué significaba su nombre. Lo había olvidado y me lo preguntaron, entonces encontré que representaba al Dios de la Aceptación. ¿Coincidencia o señal? No creo en las coincidencias.

Como ya comenté anteriormente, los días que libraba en mi trabajo, iba a la protectora de Valencia para ayudar a los animales, especialmente, los gatos. Grandes maestros, me confirmó Lourdes. Pero yo esto lo desconocía, para mí los gatos son seres muy especiales con quienes tengo un lazo de unión muy fuerte desde bien pequeña. Por esta razón, me planteé ayudar a los que más lo necesitaban.

Uno de mis cometidos, como voluntaria, era compartir caricias y mimos con aquellos que podía. El primer día le pedí a mi compañera Analía si se podía dejar libre a alguno, libre de aquellas jaulas en las que el maltrato y abandono del hombre les empujaba a estar como un cruel e inmerecido castigo, a pesar de ser su salvación. A mí no me iban a molestar, al contrario, iba a disfrutar de su compañía. Al segundo de abrir una jaula, un gato blanco y negro se subió a mi espalda, comenzó a frotar su cabeza contra la mía maullando muy despacio y un poco ronco. Ese día él me eligió a mí porque juntos teníamos que ayudarnos, él me eligió porque iba a ser mi azote, mi espejo. Yo lo desconocía, y durante todas las semanas que iba le prometía, mientras lo tenía en brazos, que lo adoptaría en cuanto pudiera disponer de una casa. A los dos meses mi estado ya no me permitía acudir como voluntaria, y echaba de menos a aquel gato blanco y negro que se había hecho tan amigo mío que no me dejaba acariciar a otros y, que cuando me iba, sacaba su patita entre los barrotes mirándome con tanta pena que me partía el corazón.

El día que fui a hacer una donación de camas que había cosido aprovechando las horas y horas y horas de insomnio, mi compañera me avisó de que estaba muy malito, que se notaba que me extrañaba. Fui a verlo y su reacción me llegó al corazón, estaba más delgado y trataba de emitir maullidos, pero no tenía voz y sacaba sus patas por los barrotes de la jaula, desesperado. Me lo llevé a casa para acogerlo y estuvo toda esa tarde en mis brazos durmiendo, abría los ojos me veía y suspiraba de felicidad.

El otro animal a quien le debo tanto es el perro de mis padres, Alonso. Del que ya os he adelantado alguna de sus acciones por mí. Un perro noble, cariñoso, tranquilo, que te mira y es capaz de entregarte todo el amor que su corazón siente. Aunque solo tiene un pequeño defecto: odia a los gatos. Y sin él saberlo debía convivir con uno. Si bien llegaban a respetar espacios, no podían estar juntos, ya que Alonso ladraba sin parar a Shiva, y este al final acababa dejándole alguna caricia en forma de golpe de su pata en la cara.

En mis primeros brotes, que fueron los más duros, ambos, en cuanto oían mi primer quejido, aparecían en la habitación. Era como si les llamara para que vinieran a calmarme. El gato subía a mi cama con su energía poderosa, se enroscaba a un lado para no molestarme y apoyaba una pata sobre mi pierna. Podía pasar así todo el día, excepto cuando bajaba a comer. Y el perro, Alonso, pedía lloriqueando a cualquiera de mi familia que lo subieran a mi cama. Se tumbaba a los pies sin rozarme, pasando las mismas horas que Shiva haciéndome compañía; de vez en cuando, levantaba la cabeza y me miraba fijamente. ¿No te parece una maravilla? Dos animales que se peleaban, que se iban atacando el uno al otro, se enfadaban entre ellos y no podían compartir espacio juntos, aparcaban todo eso para estar durante horas conmigo, uno al lado del otro.

Así, si estaba una semana en la cama, ellos estaban conmigo. De vez en cuando, mi gato se subía a la almohada y me miraba fijamente, veía esa mirada tan cristalina que me ayudaba a contarle cómo me sentía. ¿Era muy loco? No, era necesario sacar de mí de alguna manera ese dolor, el desconsuelo, la rabia, todo lo que me provocaba estar en medio de esa batalla que tenía. Él me ayudaba por la noche, se acostaba conmigo y ronroneaba tratando de llevarse mi energía negativa. Los gatos captan nuestra energía. Y su ayuda me aliviaba.

También en este tiempo, la ayuda de Lourdes fue fundamental, porque mi gato se hizo especialista en romper todas las lámparas de casa, nos hacía mil trastadas, se lo decía desesperada y entonces, desde su calma, Lourdes me mostraba que Shiva estaba actuando como un espejo. Realmente yo me encontraba como él se mostraba. Si yo hubiera podido también hubiera roto lámparas, pegado puñetazos contra la pared y, sobre todo, sacado a gritos la rabia. Él con sus «travesuras» hacía que esos gritos que se me cogían en el pecho salieran. Me estaba ayudando sin siquiera percatarme de ello. Su vibración me alcazaba sin yo saberlo.

Cuando Lourdes me iba contando cosas sobre él, sobre su cometido en la vida para ayudarme, yo dudaba, pero después él con su comportamiento me daba todas las muestras de que era cierto. A veces me paraba a pensar en toda la gente que pasó por la protectora en cuatro años; sin embargo, él me había elegido a mí para ayudarme en este momento de mi vida. Sin sus trastadas quizá los gritos que hubieran quedado en mi pecho, hubieran terminado transformándose en algo terrible para mí; quizás sin esas miradas con las que parecía hipnotizarme, en las que yo podía explicar en voz alta lo que quería conseguir, esas palabras jamás hubieran sido transformadas en fuerza. Quizás sin ese encuentro con él, cuando volví de la reumatóloga con mi diagnóstico sobre fibromialgia, no hubiera podido alzar la voz para decirle que estaba muerta de miedo.

Por las noches, cuando ese miedo me arrinconaba, él con un cabezazo apartaba el edredón y se metía en la cama, su calor me ayudaba a tranquilizarme. Él sabía, me decía Lourdes, que yo necesitaba su ayuda, para eso un gran gato maestro me había elegido, para enseñarme el camino hacia la aceptación. ¡Y lo hizo a base de amor y trastadas, es cierto! Ahora, su cambio va de la mano del mío, lo que tantas veces me insistía Lourdes. Se ha vuelto un gato repleto de amor, al que le encantan las caricias, y su calma sigue llegando a mi almohada alguna noche en que debo ser más fuerte por el dolor. Él capta mi energía y sabe cuándo me siento mal, porque viene y me deja su ronroneo curativo. Él me enseñó a cambiar desde la bondad de su corazón.

Si bien Shiva se ocupó de mí en casa, Alonso se convirtió en mi apoyo en la calle. Salíamos juntos. Antes de estar mal, yo corría con él, jugábamos en el césped y disfrutábamos de nuestros paseos. Cuando pasó todo el proceso y tomé la decisión de empezar a caminar poco a poco, fue increíble su cambio, caminaba y si él se adelantaba, me esperaba con toda la paciencia del mundo hasta que llegaba a su altura. Me miraba con esa sonrisa que tienen los perros. Jamás entenderé cómo se le puede hacer daño a un animal, a ninguno, pero especialmente a uno tan noble como el perro. Cuando tenía que detenerme, me sentaba en el césped con una toalla que llevaba preparada y él se tumbaba a mi lado, tranquilo, vigilante, de vez en cuando me controlaba de reojo. No se quejaba, no quería seguir, tan solo esperaba pacientemente a que yo fuera capaz de levantarme y continuar. De él aprendí a desarrollar la paciencia. Así días tras día, mañana tras mañana, venía a mi habitación y me dejaba un sinfín de lametazos. Había días que no me podía levantar, pero él estaba allí sentado esperando y me obligaba a hacer un gran esfuerzo por él, aunque la realidad era que hacía un gran esfuerzo por mí misma, y él era quien me animaba a ello.

Nuestros paseos por el cauce del río se iban haciendo más largos, me daba la oportunidad de sentirme arropada por la naturaleza en plena ciudad, rodeada de árboles a los que a veces abrazaba para dar y recibir esa energía tan necesaria de la Madre Tierra. Había días que cuando me daba el brote era incapaz de moverme; entonces él se tumbaba junto a mí, aunque todas las mañanas entraba para ver si me ponía en pie. Volví a dar pasos hacia atrás, con varios meses sin poder dar nuestros paseos, pero él estaba ahí expectante para ayudarme a volver a caminar cada vez que debía hacerlo. Y mientras caminaba, hacía mi meditación, hablaba mucho conmigo misma y es justo que diga que una gran parte de ese trabajo de aceptación mental lo hice con él.

Me di cuenta, gracias a ellos, a sus miradas que, si era capaz desde el dolor de llenar mi vida de negatividad, ¿por qué no intentar desde el amor cambiarlo? Sin sentirme perdedora y vencida. Ellos dan amor a manos llenas, y yo estaba dispuesta a empezar a hacer algo que jamás había hecho con anterioridad: quererme. Quererme tal y como estaba, tal y como fuera evolucionando. Y mi evolución, que costó muchísimo, fue de la mano de los dos.

Por esta razón necesitaba dejar reflejado este apartado, hacerles también participes, porque fueron linternas en mi máxima oscuridad. Incluso cuando pasé la época de sentir esa necesidad de suicidarme, ambos parecían estar más pendientes de mí. Ambos me mostraron sus corazones repletos de bondad y amor, a ambos los considero seres de luz. Gracias a los dos.

10
APOYOS IMPRESCINDIBLES

«No tengo fuerzas para rendirme».
YOLANDA ORDÓÑEZ

Diario 9 abril 2020
En estos días, confusos, repletos de incertidumbre, he notado que mi cuerpo ha empezado a quejarse. No saber qué va a ocurrir atrae el miedo a enfermar más de lo que ya estás, incluso a que suceda algo a quienes más quieres. Estamos rodeados de puro desconocimiento. Maldito virus. Sin embargo, este tiempo de silencio fuera también ayuda al silencio dentro de mí, a refugiarme en mis animales, ellos que me han ayudado a transitar por momentos muy difíciles. Me he dado cuenta de que no necesito muchas cosas para ser feliz: sentarme a mirar el cielo a través de la ventana con un buen libro, con mi gato sobre las piernas y mi perro en el suelo es suficiente. Ellos me rescatan una y otra vez. Y si no fuera por el dolor que sé existe fuera de mi mundo, diría que con ellos y este silencio soy completamente feliz. Lo más impactante de todo es que el grupo de Twitter dice lo mismo, no somos conscientes de lo mucho que nos destroza el ruido hasta que ha llegado la paz, hasta que el silencio ha inundado nuestras calles. Poder compartirlo hace que me sienta menos egoísta, ellas y yo tratamos de mostrarnos al mundo que nos quiera ver, leer y apoyar. ¡Nos queda tanto por caminar! La suerte es que seguiremos haciéndolo, pase lo que pase. A pesar de que este miedo nos ha unido también en brotes muy fuertes, ¡es complicado dominar las emociones en un momento de nuestras vidas que jamás hemos vivido con anterioridad! Es un desafío saber que la muerte quizá rodea tu casa, tu familia y que no la puedes ver, ni sentir, hasta que ya se haya desarrollado en ti. Hoy más que nunca, me siento agradecida a tanta gente con la que puedo apoyarme. A tanta que nos está cuidando.

Quiero hablar del apoyo importantísimo que nos damos unas personas enfermas a otras, y este capítulo muestra esa fortaleza, comprensión y empatía que tanto necesitamos. Por eso aquí voy a hablar en plural, porque somos muchos/as, y somos como una red que las fibromiálgicos/as hemos tejido para refugiarnos, apoyarnos y entender qué nos sucede.

He empezado adjudicado esa frase popular a Yolanda, la persona que me la dijo la primera vez en uno de los tweets que puse explicando mi mal momento personal. Se la atribuyo a ella porque con su fortaleza nos inspira a muchas otras enfermas.

Desde que empecé este camino de la fibromialgia, fui encontrando ayuda de personas a las que ni siquiera conozco personalmente. Pero que se han hecho imprescindibles en nuestro apoyo diario.

Os recomiendo, si en vuestra ciudad hay alguna asociación de fibromialgia, que vayáis. Es importante su asistencia, tanto a nivel físico y emocional como de abogados y trabajadores sociales. Lamentablemente, por mucha fuerza mental que tengamos, en algún momento vamos a necesitar de ellos. Para mí, AVAFI ha significado una gran ayuda en este camino. Alejandra, Coque, María y Minerva, cada una en su momento, me fueron dando motivos para seguir en pie, y esto es impagable.

Reconozco que en las redes he encontrado gente que me ha ayudado muchísimo. Sobre todo, en Twitter. Sé que es un mundo loco, sin embargo, yo encontré un grupo de compañeras con las que compartimos sensaciones, situaciones, y nos sentimos menos solas. También compartimos la indignación a la que nos empujan los médicos, encontrándonos menos solas en este mundo complicado que nos pone Sanidad. Cada una contamos algo que nos ha pasado, y llegamos a la conclusión de que nuestra enfermedad es para la mayoría de los médicos una molestia. A nosotras nos gustaría encontrar empatía por parte de los profesionales, alguno de ellos incluso interactúa con el grupo, me parece tan cercano y acertado que podamos decirles cómo nos sentimos.

Demandamos ese equipo multidisciplinar que se dedique a la fibromialgia, que no tengamos que estar haciendo un recorrido lento, con visitas tan lejanas en el tiempo que van empeorando nuestra calidad de vida. Aunque una de las cosas que tratamos de llevar a cabo, es quitar un poco el drama de la enfermedad, y nos reímos mucho. También nos contamos lo que nos duele y cómo nos duele; de lo que queríamos hacer y no podemos; tratamos unas a otras de darnos calor, porque la calidez entre nosotras es lo que nos ayuda a seguir.

A veces pienso que somos como la bolsa de agua caliente que te pones cuando en invierno el dolor es insoportable y buscas algo de alivio. Eso somos, agua cálida que nos ayudamos en unos pocos caracteres. Y tanto ha sido así, que nos hemos dado cuenta de lo invisible y desconocida que es la enfermedad para la inmensa mayoría de la gente. Por ello, nos unimos y hablamos de fibromialgia, ya que en el fondo sabemos que estamos ayudando a otras personas que empiezan, o que se encuentran deprimidas sin saber qué hacer, pensando que sus vidas están acabadas. Sé, soy consciente, que hay tantos tipos de fibromialgia como personas, que quizá lo que yo os estoy contando os parezca imposible, pero creo que es una buena opción, al menos, intentarlo. Como decimos con las compañeras: «**No tengo fuerzas para rendirme**».

No podemos rendirnos sin intentar ser nosotras mismas, o nosotros mismos, entregar nuestra vida que es lo más importante que tenemos, a esta enfermedad. Por eso estoy aquí escribiendo. Sé que hay días durísimos, pero pensad que ya pasa y vendrán otros mejores. En una charla con una mujer que sufría fibromialgia yo la veía tan bien, tan estupenda, tan risueña, diciéndome que debía aceptarlo para continuar mi vida, que no la creía, era imposible lo que me decía, estaba segura de que ella no sufría tanto como yo. ¿Verdad que alguna vez has dicho esta frase mientras lees? Pues creo que todas las mujeres que han aparecido en mi historia y me decían que debía aceptar la fibromialgia tenían razón, todo está en encontrar ese poder interior de cada una de nosotras. Y de ahí que estos grupos de enfermos/as lo único que buscamos es apoyarnos en el dolor, reírnos hasta en las peores circunstancias, tratar de transmitir

fuerza para seguir; me he dado cuenta de que son muy importantes. Dar visibilidad en las redes nos ayuda a nosotros/as, y
estoy segura de que puede ayudar a la gente de nuestro entorno
a comprendernos un poco mejor. Para mí han sido como las luces que guían al avión que va aterrizar hacia dónde está la pista.

11
FIBROMIALGIA Y LA «NO VIDA» LABORAL

> *«Si quieres entender a una persona,*
> *no escuches sus palabras,*
> *observa su comportamiento».*
> ALBERT EINSTEIN

Diario 23 octubre 2019

Quieren que trabaje y soy la primera que quiero seguir con mi trabajo; sin embargo, mi cuerpo no me responde. No he sentido tanto dolor en mi vida, ni tantas ganas de gritar y llorar como esta tarde. Ha sido tan horrible para mí, que he tenido que esconderme en el cuarto de baño, taparme los oídos porque no soporto el ruido y romper a llorar. No puedo estirar la espalda, siento que algo se me ha quedado agarrotado. El cuello me está matando, pero lo peor es este sentimiento de inutilidad. Este miedo a lo que va a ser de mí si no puedo trabajar, ¿qué haré? Mi vida está totalmente arruinada, nunca he sentido el miedo que he pasado esta tarde. He terminado el turno llorando, nadie sabía qué decirme. No podía más, no puedo más. Llegar a casa y echarme en la cama sintiendo que el cuerpo es mi enemigo, que me va a estallar. No puedo ni escribir esto, lo he tenido que grabar porque no quiero que se me olvide, jamás en toda mi vida me he sentido tan mal como hoy. ¿Qué voy a hacer? El trabajo me mata, no puedo con él. No puedo... ¿qué voy a hacer?

En este capítulo os voy a hablar de cómo me afectó y afecta la enfermedad en mi trabajo.

¿En qué condiciones me dio el alta el INSS para volver a mi puesto de trabajo?

Eran lamentables: acababa de tener una intoxicación medicamentosa que estuvo a punto de costarme muy cara. Unido a un dolor insoportable en todo mi cuerpo, era el momento en que la fibromialgia se encontraba en su punto más alto. A esto tenía que sumar el insomnio que seguía latente en mi vida. A esas alturas, puedo decir también que el sufrimiento interior había conseguido que me aislara socialmente. Con lo que mi vuelta al trabajo también lo era a la sociedad. Y en mi puesto, además del estrés, uno de los factores que más me perjudicaban era el ruido.

Para acudir me tenían que acompañar mi padre o mi hermano. No podía llevar ni la bolsa de la merienda, si tenía que ir al lavabo debía hacerlo a paso muy lento y con mucho cuidado.

¿A pesar del alta del INSS puedo desempeñar las mismas tareas que antes?

Volver en esas condiciones te da un golpe a tu autoestima, pues sientes que no eres capaz de hacer cosas sencillas como grapar dos folios; o recordar el nombre de la persona con la que acabas de hablar hace segundos; olvidarte de anotar cualquier cosa que alguien te ha dicho deprisa; porque claro, la gente piensa que seguimos estando igual que siempre. Por eso es importante que se sepa qué es la fibromialgia y los cambios que provoca en nosotros.

Personalmente el trabajo fue el lugar en el que me di cuenta de que mi vida había cambiado abruptamente. Me veía obligada a trabajar con el límite permitido de calmantes, antiinflamatorios y relajantes musculares en mi cuerpo. Esto que nos pasa a todos y todas nos lleva a una situación extrema de baja autoestima, de enjuiciamiento por sentirnos incapaces de sacar adelante la situación. Yo acababa mi jornada llorando, porque me sentía incapaz de hacer lo que antes hacía. Y sientes que nadie se detiene a pensar que la persona que está trabajando tiene una enfermedad crónica, agudizada por dolores terribles, pero que nos vemos atados de pies y manos porque nos obligan a trabajar. Muchas veces, las empresas tampoco saben cómo manejar nuestras situaciones, desde mi punto de vista, no estaría mal que el departamento de Recursos Humanos tuviera conocimiento de la enfermedad y, como en algunas empresas sí hacen, nos ayudaran. Porque cuando no tienes esa comprensión se hace muy difícil desarrollar tus tareas, porque sientes que estás desamparada y perdida. En mi puesto de trabajo, puedo decir que tengo dos compañeras que me ayudan a hacer todo aquello que yo no puedo. Sin esa ayuda me vería obligada a dejar de trabajar.

¿Cómo me afecta el estrés laboral?

La exigencia de mi puesto de trabajo es alta en concentración, vigilancia, atención telefónica y presencial. Además de un alto nivel de ruido durante una buena parte de la jornada. Todo esto me provoca fatiga e irritabilidad, sobre todo, la parte del ruido. Tratar de controlar este estrés me lleva a terminar muchas veces con rigidez en mi cuerpo, tanto es así que me cuesta cambiar el uniforme por la ropa de calle. En más de una ocasión cuando el ruido a mi alrededor se elevaba, debía refugiarme en el cuarto de baño y rompía a llorar. La sensación es que la cabeza va a estallar. Una de esas tardes, me vi reflejada en el espejo como en una de esas escenas de tantas películas, con las manos sobre las orejas y apretando la mandíbula mientras las lágrimas trataban de bajar mi nivel de ansiedad. Y alguna vez necesité dar un grito entre aquellas puertas insonorizadas para contrarrestar la angustia que me provocaba. Era realmente una situación de ansiedad que desgastaba, ya de por sí, mi poca energía.

¿Me siento bien trabajando?

No. Sigo haciendo un gran esfuerzo para poder desarrollar mi trabajo. Mi mente trata de calmarse y tener paciencia ante esta situación. Las veces que no puedo, y necesito coger una baja, lo hago sin sentirme culpable. Ahora intento mentalizarme de llegar hasta donde puedo. Seguir mi trabajo mental para poder mantener mi puesto laboral porque, de lo contrario, ¿qué me queda? Esa paga a la que hacen referencia, normalmente con desprecio, porque no queremos trabajar. ¿De verdad la gente piensa que lo que quiero, en lugar de vivir y trabajar como es lo que me correspondería a mi edad, es una paga y no trabajar? ¿De verdad piensan que esto es lo que busco? Pues la respuesta es desoladora, porque lo piensan algunos psicólogos, médicos y jueces, en definitiva, alguna de esa gente que tiene que valorarte y ayudarte. Que lo piense la gente especializada en medicina, sabiendo cómo es nuestra vida, lo incapacitante que es la enfermedad, me indigna el doble.

De toda esta amargura que pasé con los médicos hasta que llegué a la doctora Rosario, os dejo la conclusión de una doctora de la Mutua al decirle que tenía fibromialgia. Me respondió con una mezcla de soberbia y prejuicio, cortándome en mi explicación:

«Eso no existe, esa enfermedad el nombre que tiene real es "llamada de atención". Algunas personas es la única manera que tenéis de conseguir que alguien os haga caso, decir que os duelen cosas que son imaginarias. Porque necesitáis llamar la atención».

En ese momento me sentía tan mal, tan desprotegida, tan expuesta a que me despreciaran, que me levanté y me marché llorando sin poder detener el llanto durante algunas horas. Hoy, en este momento, si me encontrara con alguien así, directamente iría al mostrador a poner una reclamación —como alguna que he puesto ya—.

Este solo es un ejemplo de los muchos problemas a los que nos enfrentamos los enfermos/as de fibromialgia, no solo frente a los médicos de la Sanidad, sino también juzgados por otros estamentos como las Mutuas de Trabajo, a las que debemos acudir cuando nos dan la baja. Médicos, algunos de ellos, que no te conocen, pero sí te juzgan.

¿Qué me ayudó a sobrellevar la enfermedad en el entorno laboral?

En una de esas bajas en las que estaba totalmente hundida, fue en la que empecé con el trabajo de mi mente con ayuda de las personas que ya mencioné, para poder superar ese círculo vicioso que termina en la autodestrucción. En mi caso estuve más tiempo de baja que trabajando, porque el cuerpo no responde por mucho que trates de estar mentalmente preparada y fuerte. Movimientos repetitivos, necesidad de máxima concentración, ser rápida en situaciones inesperadas, tener capacidad de atender varios temas al mismo tiempo... Para mí se convertían las horas de trabajo en un verdadero infierno.

Quien más me ayudó en este entorno laboral y a quien se lo quiero agradecer es mi compañera Ana, quien, durante los dos años que viví y pasé ese suplicio, ha sido un gran apoyo. Se preocupó por mí, me llamaba, charlaba conmigo tratando de animarme, estaba ahí a mi lado en el momento más duro. Recuerdo que, cuando me vio en el peor momento de la enfermedad, rompió a llorar; trataba de evitarlo, pero finalmente terminamos abrazadas las dos llorando.

Ahora cada día que llego al trabajo siendo esta Luz nueva, que le hace reír, recibo por su parte un cariño infinito y su alegría de verme bien. No sabéis lo que puede significar para nosotros que alguien te apoye cuando te ve mal, pero, sobre todo, se alegre cuando te ve bien: te da una estabilidad que también necesitamos de nuestro entorno. ¡Qué difícil hubiera sido para mí sin ella! Otra luz en la oscuridad de mi situación laboral. Sin ella, sin el cariño de la gente con la que durante años hemos llegado a tener una buena relación y no pertenecen a mi círculo directo de trabajo, sin otros compañeros que me han animado cuando me han visto realmente mal, reconozco que hubiera tirado la toalla. Porque muchas veces lo decía, «no puedo más».

Recuerdo la cantidad de tardes que terminé el turno llorando, llegaba a casa pensando en no volver al día siguiente. Mi vida se convertía en un infierno mayor, porque se reducía de la cama al trabajo y del trabajo a la cama. Aún hoy hay veces que es así. Entonces, cuando estoy echada en la cama sin poder moverme, aparece igual que lo hizo en el pasado un mensaje de Ana por la noche, dándome fuerza, apoyo y en mi oscuridad, incluso en mis lágrimas de impotencia, me sigue rescatando.

También a esas luces pequeñas como luciérnagas que me han ayudado. Gracias a Paqui, Silvia, Teresa, Mirna, Pilar, Iker, Rubén, Dani, Rosa, Sole, Ana B, Luis y Laia por preocuparos por mí, dándome la calidez del cariño que justo se necesita en esos momentos. Y os nombro porque no sé si seréis capaces de daros cuenta de lo mucho que ha significado para mí vuestro apoyo.

¿Cómo veo mi futuro laboral?

No soy capaz de decir que seguiré trabajando en el puesto en el que estoy ahora mismo, pero sé que, si tengo que abandonar, lo habré intentado, aunque a veces pienso que el sacrificio que hago cada día no merece la pena. Trabajar con dolor no se lo deseo a nadie. Si llega el momento en que tengo que dejar de hacerlo, lo haré porque quiero anteponer mi salud a todo lo demás. Debo cuidarme.

A pesar de las dificultades judiciales y las trabas médicas para conseguir un dictamen justo sobre nuestra situación, animo a las personas que la sufren como yo a buscar la declaración de incapacidad por todos los medios posibles. Como cualquier persona que sufre una enfermedad crónica, necesitamos medios de vida y atención, es decir ayuda para vivir. Lo mismo que a todas aquellas personas que, a pesar de la fibromialgia, intentan sacar adelante su puesto de trabajo. Sé lo que cuesta y tenéis mi admiración.

Por último, cuando os digo que los enfermos y enfermas necesitamos apoyo de buenos profesionales para dirigirnos en momentos que no estamos en buenas condiciones, yo tuve y tengo la gran suerte de tener a mi lado a una gran profesional y amiga como es Patricia. Ella me fue guiando para dar pasos burocráticos que yo no tenía ni idea y en los que mi cabeza colapsada era incapaz de llegar. Me ayudó con infinita paciencia. Es otra gran luz en mi camino.

12
VIVIR CON FIBROMIALGIA

«Serenidad, para aceptar las cosas que no puedo cambiar.
Valor, para cambiar aquellas que puedo modificar.
Sabiduría, para reconocer la diferencia».
FRANCISCO DE ASÍS

Diario 9 Julio 2020
En algún momento me sentí como un barco a la deriva, y sin saber hacia dónde dirigirme, me veía en medio del mar, sin fuerzas para remar hacia un lado u otro. Fue entonces cuando esas linternas que fueron apareciendo en mi vida, me iban señalando el camino para que mi pequeña barca llamada Luz pudiera tocar tierra firme y volver a renacer. Y hasta que el foco de mi doctora Rosario apareció en mi vida, ellas me mantuvieron a flote, ese faro enorme me ayudó a poner los pies en la tierra sabiendo que mi actitud necesitaba cambiar. Poder respirar hondo y sentir que mi corazón latía sin miedo, con seguridad. Porque el poder está en la luz que hay en cada una de nosotras, en cada uno de nosotros.
Mi agradecimiento eterno a cada una de estas luces.

Empezaré con las palabras de mi psicóloga de la Asociación, Alejandra Martín, me decía cuando en las primeras consultas llegaba una mujer destrozada, sin ganas de vivir ni fuerzas para encontrar un solo motivo que pudiera hacerme creer que algún día podría dejar de estar tan mal como me encontraba. Entonces me escribió en un papel las cuatro fases por las que pasábamos los afectados por el trastorno crónico. Me lo había dicho el primer día, pero, al percatarse de que no había hecho ni caso, me lo escribió en un folio para que tuviera muy claras esas fases por las que todas y todos pasamos. Aunque hay mucha gente que no llega a la última, justo la más importante por la que hay que trabajar y creer que podemos alcanzarla.

- La negación: "esto no me puede ocurrir a mí".
- La rabia: "no es justo".
- La tristeza: "es terrible, no podré vivir así".
- Y finalmente la ACEPTACIÓN: "tengo que aprender a vivir con la fibromialgia".

He tratado de reflejar en este libro cada una de ellas con mi experiencia personal, estoy segura que compartida por una gran parte de compañeras y compañeros. De ahí que mi primer capítulo haya tratado de mostrar el final, porque soy consciente de que muchas personas se pierden por el camino, y mi ahora se representa en que he aprendido a vivir con la fibromialgia. Ojalá no la tuviera, pero hay que ser realistas, la tengo, y en mi opinión, nada mejor para seguir en pie que aceptarla como compañera de viaje en nuestra vida.

¿Qué ocurre después de la aceptación? ¿Ya no hay más brotes? ¿Soy feliz? ¿Soy eternamente positiva? Estas preguntas las he leído de algunas personas que, cuando intercambiamos estados en los que nos encontramos, si ellas o ellos están al principio, responden con la misma actitud que lo hice yo cuando mi profesora Susi me habló de la fibromialgia. Pensamos que nosotros no vamos a ser capaces de llegar a un punto en el que riamos, hagamos ejercicio moderado, podamos mostrarnos felices y dispuestos a vivir la vida día a día en el ahora.

Y no niego que es complicado el camino, pero el resultado merece la pena. Soy consciente del cambio que ha dado mi vida, lo acepto y sigo adelante. Cuando me llegan los momentos terribles de los brotes, y me invade el miedo porque las emociones me juegan malas pasadas y caigo a veces en la trampa de la fibromialgia, rápidamente recuerdo a aquella Luz destrozada en la cama, llorando, repitiéndose lo cruel que era la vida con ella; recuerdo las ganas de abandonar todo, y esa imagen me sirve para darme cuenta de que no quiero volver a ser aquella. Ahora, esta Luz tiene mucho apoyo que dar. Busco cosas que me motiven, y a veces, esas cosas son tan pequeñas como: «Hoy voy a levantarme y dar un pequeño paseo» o «Me levanto y puedo preparar el desayuno y hacerme la cama» o «Vale, acepto que hoy solo voy a tener fuerzas para leer, no importa». Este es mi lado positivo, nada que ver con ese otro positivismo que te dice que todo es maravilloso, no, no todo es maravilloso este enfoque me parece para los enfermos un lastre. Nuestro cuerpo tiene un límite, hay que conocerlo, respetarlo y seguir hacia delante.

Todos los enfermos sabéis cómo es vivir con fibromialgia, para aquellos que no la sufren, pero están cerca de nosotros, incluso, para aquellos médicos que no nos creen, voy a contar qué ocurre desde que decides levantarte por la mañana de la cama. La mayoría de las noches en mi caso duermo de dos a tres horas y nunca de un tirón, me levanto cuando puedo con un cansancio infinito; con diferentes dolores, incluso mareos. Tras sentarme en la cama, espero un poco a que mi cuerpo comience a responder, hay días que ¡el jodio! tarda lo suyo. Sin embargo, he aprendido a darle su tiempo y espacio. Mi mente no funciona tan rápida como quisiera, aunque desde que hago ejercicios de memoria y estoy aprendiendo inglés he notado una ligera mejoría. Si bien es cierto, que hay días que noto que mi cabeza se encuentra con la fibroniebla y mis faltas de atención son importantes, así como la pérdida de la concentración, o los lapsus del lenguaje. Durante el día puedo llegar a tener diferentes momentos con distintos tipos de dolores, puedo estar bien por la mañana y por la tarde no poder moverme o viceversa. Incluso estar bien, y tener que ir como puedo a la cama porque el malestar físico me doblega sin dejarme ni tan siquiera estar en pie. Y por la noche, aparecen las punzadas intensas en diferentes partes del cuerpo, los calambres, un hormigueo desagradable en las piernas, el agarrotamiento muscular; porque la vida de una persona con fibromialgia es vivir con dolor.

Cuando trabajo, intento hacer las menos cosas posibles por la mañana a fin de poder aguantar las horas en mi puesto de trabajo por la tarde. En caso de que tenga el día libre, lo paso entre acostada y sentada tratando de volver a cargar la energía. ¿Esto es una vida feliz? Mucha gente dirá que no, claro —la Luz del principio también diría que no—, pero reconozco que es mi vida y es esta la única que tengo. ¿Sabéis las veces que cuando no podía soportar el dolor decía que me conformaba con poder levantarme de la cama? Pues hoy, a pesar de estar mal, consigo levantarme, he aprendido a vivir con el dolor y todos sus acompañantes. Por eso digo que mi vida es feliz, porque a pesar de la fibromialgia, vivo.

También es cierto que varía mi estado si es invierno o verano. En invierno, con la humedad de mi ciudad, hay días que son horribles para moverme; sin embargo, lo que peor llevo es el verano. El calor, además de provocarme un gran deterioro del cuerpo, hace que por ejemplo mi cuero cabelludo se convierta en un enemigo inesperado, el escozor es constante, las ganas de arrancarme literalmente algunas zonas de mi cabeza es día y noche insoportable. A veces siento que me quema el cuerpo por dentro, como si una gran llamarada de fuego fuera a salir de mi interior, no hay ni aire acondicionado ni abanico que la calme. Y, por supuesto, es la época en que se me hinchan los pies, las manos, las ojeras. Desde el principio de encontrarme mal lo que más me cambió fueron las ojeras, voluminosas y bien marcadas. Por las mañanas el dolor de dedos y su rigidez, a veces, me asusta. Pero lo peor sin duda alguna es el cansancio infinito que llega con el calor, ese que te arrastra hacia un agotamiento extremo que no hay manera de poder manejar, te deja sin energía tirada en la cama. La fatiga crónica para mí, es peor que el dolor, porque con el dolor puedo hacer algunas cosas, con la fatiga es el momento de desconectarte del día a día y tratar de manejarla desde la meditación, respiración y la calma. Si vivir con fibromialgia ya es complicado, añadir la fatiga crónica lo convierte en un reto mayor, al que trato de manejar desde la mente. A veces, reconozco que es realmente difícil no caer en la desesperación, en verano vivo continuamente en ella. Es cuando más técnicas utilizo para mantener mi poder sobre la enfermedad.

Sigo con mi insomnio. Hay veces que estoy dos días enteros sin dormir, y si se mezcla con el malestar físico, es mejor que nadie se acerque a mí, ni yo me soporto. Es el momento en que mi gato más trastadas hace, ya sabéis, se convierte en mi espejo para llamarme la atención. Y cuando esto ocurre, es el momento en que debo recurrir a hacer más relajación para calmarme. Porque he aprendido que si mi cuerpo está quejándose y tengo que estar soportando además el agarrotamiento muscular, me afecta psicológicamente. De ahí que cuando veo que el brote va a llegar, trato de calmar mi mente, incluso, trato de aislarme para evitar que mi pésimo humor alcance a nadie que esté cerca. Porque por muy positiva que quieras estar, es normal que te vengas abajo, sientas ganas de gritar, llorar y sientes la necesidad de que todos te den un respiro para sufrirlo. Espero que con esta descripción podáis entendernos un poquito mejor. Esta enfermedad es terriblemente dura.

El ejercicio que hago ya lo he contado, caminar, no puedo hacer otra cosa, los estiramientos solo cuando mi cuerpo me permite. De momento funciona, eso sí, hago poco para no sobrecargar mi cuerpo. De ahí que yo también te recomiendo hacer algo mínimo, aunque sea salir a la calle y dar una vuelta a la manzana. Yo lo hice durante mucho tiempo porque era incapaz de caminar mucho rato. Ahora, estoy muy contenta porque he llegado a los diez mil pasos, ese es mi maratón del que te hablé. Cada persona debe encontrar el suyo, te animo a intentarlo, salir a la calle a que te dé el sol; el aire es fabuloso, de verdad, para la mente es fundamental. Socializar con otra gente, hablar, reírse. Pruébalo, ya verás como funciona.

Lógicamente, otra parte de mi cuerpo que cuido mucho es la mente. Lourdes me hizo entender que el cuidado de la mente es muy importante, y que hay que cuidarla tanto como al cuerpo. Todos los días trato de responsabilizarme de mi autoestima, que en mi caso estaba bajo mínimos, y poco a poco he conseguido aumentarla. Pero no puedo dejar de trabajar mi mente porque la fibromialgia tiene la capacidad de robarte tu trabajo con un par de presencias fuertes. Desde que me diagnosticaron

107

hasta hoy han pasado tres años, y me he dado cuenta, en este mismo libro, que empecé hace dos años, de que la narrativa iba por otro camino, iba hacia la queja. No la he cambiado porque creo que puede reflejar precisamente este trabajo desde la exasperación hasta la aceptación de hoy.

A todo este trabajo mental recurro todas las noches, a una meditación para fortalecer el sistema inmunológico que Eckhart Tolle nos regala en su libro El Poder del Ahora. A mí me funciona de maravilla desde que la hago, he notado una mejoría muy importante, es la práctica de la presencia en el cuerpo. En este apartado incluiría algo que a mí me provocaba cierto reparo, y son las charlas con uno mismo. Buscar el mejor lugar para hablar, para animarnos, y encontrar el equilibrio. Sobre todo, lo más importante, no desesperar cuando vuelvas a caer en los tan temidos brotes. Ten muy claro que nuestra enfermedad es crónica y trabajar sobre eso es básico.

También me ha ayudado a encontrar el equilibrio hacer cosas que me gusten, nos ayuda muchísimo, en mi caso es escribir. Cuando lo hago me siento mucho mejor. A veces solo puedo escribir media hora, porque mi mente no me deja mucho más, no importa ¡lo he conseguido durante media hora! Todos tenemos aficiones, algunas olvidadas porque ya no tenemos tiempo, o las hemos dejado en un aparte. Pues si estás en mi equipo de la fibromialgia, te recomiendo que sacudas el polvo de tu afición y empieces poco a poco a desarrollarla: pintar, coser, leer, pasear, hacer crucigramas, lo que sea... HAZLO, te ayudará. Eso sí, controla hasta el punto en el que puedes desarrollar la afición sin que sea un problema.

Cuando empecé a estudiar sobre la fibromialgia, un año después de ser diagnosticada, una de las cosas que me recomendaron fue cambiar alimentación. Sustituí el azúcar, y comencé a comer cacahuetes antes de la comida y cena. Sigo la dieta mediterránea: aceite de oliva, verduras, nada de carne, mucha fruta sin azúcar, y todos los alimentos que me aporten hierro para mi problema de síndrome de las piernas inquietas. Eso lo complemento con vitamina C y D, magnesio, cúrcuma y pimienta negra. Si bien, como te decía al principio, esto me funciona a mí, puede que a otras personas no, por eso es mejor poder hablar con médicos nutricionistas que te guíen y no automedicarse. En mi caso, todo esto está supervisado por mi doctora. ¡Ah y por supuesto, nada de pastillas químicas no las tolero! Solo en caso de brote para el llamado «rescate». No sabes el cambio que dio mi vida al dejar de tomar los tratamientos con sustancias químicas. Cuando tengo que tomarlo, siempre intento que sea lo mínimo posible.

Y para mí lo más importante: no permitas que la fibromialgia te borre la sonrisa. Es una ladrona de guante blanco en esto, quizá ni te des cuenta de que has dejado de sonreír, de soltar una carcajada, de reír por un recuerdo. No le des ese poder, recuerda que el poder está dentro de ti, y no vas a dejar que te robe. Para mí, una de las cosas más importantes de la vida es ver, regalar o compartir una sonrisa. Yo me miraba en el espejo y no me reconocía hasta que me di cuenta que era eso. Me dije; «¿Por qué no sonríes? ¿Qué te ha pasado?». Mi respuesta fue «Cómo voy a sonreír con el dolor que tengo».

Es cierto que cuando el umbral del dolor empieza a ser insoportable, no tienes ganas de nada, pero yo no te hablo de ese momento. Te hablo del día a día, de ir por la calle y de repente ver algo que te hace gracia, un niño, un perro, una persona que te mira con una sonrisa, ahí es cuando me di cuenta de que me había robado la mía. Ahora, incluso cuando debemos llevar mascarilla por todo lo que hemos vivido, sigo sonriendo, recuerda que los ojos y el corazón también sonríen. Y lo más importante: tú tienes el poder para conseguirlo.

Los abrazos. Entre nosotras hablamos de abrazos de algodón porque no podemos abrazar. Una simple caricia te provoca un dolor que nadie puede creer, pero se siente, se llama Alodinia. En mi trabajo una de las cosas que más hacía era abrazar. A las personas mayores cuando las abrazas las llenas de amor, y eso lo he aprendido para mi día a día. Así que, aunque nos duela, no reprimas dar o recibir un abrazo, es un gesto que nos llena de paz y amor. Algo que necesitamos en grandes dosis.

Hasta aquí este libro que el único propósito que tiene es ayudarte, porque sé lo mal que se pasa, porque sé lo que nos incapacita, lo que nos limita. Precisamente porque sé lo que cuesta esta vida, porque no tenemos otra y es maravillosa, hay que intentar aceptar nuestros cambios y seguir viviendo, a nuestro ritmo, de la manera que mejor podamos. Y recuerda, la gente tóxica cuanto más lejos mejor. Quien no te entienda, como decía mi abuela: «enemigo que huye, puente de plata». Pues eso, puentes de plata para aquellos que nos juzgan, que nos menosprecian. No demos ni un solo segundo de nuestro poder a esta gente. Rodéate de amor, de la mayor tranquilidad que puedas y si con este libro puedo ayudar a una sola persona a que se acepte y trate de superar los límites, que a veces sin darnos cuenta la enfermedad nos obliga a auto imponemos, habrá merecido la pena escribirlo.

Cuídate y vive. Te deseo que encuentres las linternas adecuadas para salir del pozo de la fibromialgia. Se puede salir, te lo aseguro, solo mantén en los peores momentos el corazón abierto para que él pueda dejarse guiar por la gente maravillosa que nos rodea, y si no la tienes en este momento, no te preocupes; siempre y cuando no te aísles, te aseguro que llegarán.

Un abrazo de algodón.

AGRADECIMIENTOS

«No es lo que tenemos en la vida,
sino quien tenemos en nuestra vida lo que importa».
MARGARET LAURENCE

Durante toda esta experiencia personal que te he contado, he ido agradeciendo a las personas que formaron una parte directa de mis días. He nombrado a todas aquellas personas que aportaron algo a mi vida, bien fuera oscuridad o luz. Era una parte importante de la idea que yo tenía para escribir la historia, porque también de la oscuridad se aprende. Sin embargo, cuando lo he releído me he dado cuenta de que durante este camino he tenido la suerte de encontrar muchas más luces.

Por eso quiero dar las gracias a estas personas que han sido tan importantes como las mencionadas en todo el relato:

A mi madre por todo lo que lleva sufrido, siento que haya tenido que aguantar mis malas contestaciones y mis gritos cuando estaba tan mal, y, aunque ya se lo he dicho, vuelvo a pedirle perdón por ello. A ella que ha sido mis manos y mis piernas cuando no me podía levantar de la cama, cuando me tenía que duchar o lavarme el pelo, prepararme la comida. Gracias infinitas, mamá. Porque eres un ejemplo a seguir hacia delante, porque has estudiado la fibromialgia para ayudarme. Porque siempre has estado a mi lado cuando te he necesitado, sobre todo cuando estuve a punto de dejar la vida.

A mi padre y mi hermano porque han sido ellos los que se han pasado junto a mí las interminables horas en urgencias de los hospitales, porque me han llevado a trabajar cuando apenas podía caminar. Por aguantarme en mis días malos. Ellos han sido mi motor cuando el mío se rompió.

A mi familia que ha estado pendiente de mí, mis tías Concha y Pepita, Miguel Ángel, a Carol, a mis primos Juanto y

Marta, gracias por hacerme sentir vuestra fuerza y aliento para sostenerme.

A Sonia por buscar siempre soluciones en mis peores momentos de angustia y estar a mi lado ayudándome desde el principio. Has sido un gran apoyo.

A Teresa gracias por tu cariño, fuerza y comprensión. Nunca dejes de regalar tu sonrisa.

A Amparo, Ángela, Elvira y Marisa, os he sentido tantas veces mal por mí, tantas veces queríais ayudarme y no sabíais cómo, que tenía que invertir aquel sentimiento, había que salir hacia delante por mí, pero también por la gente que me habéis apoyado durante la peor parte, que es en la que de verdad se sabe quien te quiere. Gracias por vuestro apoyo cálido.

A Sam, Patri, Mar, mis mejores y más fieles amigas. Amigas que siempre sin dudar habéis estado a mi lado. Sois lo mejor que podía encontrar en la vida. Sam, agradecerte lo mucho que me has ayudado en todas mis dudas y ataques de pánico con este libro, por aguantarme y ser la calma en mi desesperación.

A Luisa por regalarme la portada, por reflejar mi sufrimiento a través de la pintura, gracias de corazón.

Gracias a Paola por preocuparte por mí y ayudarme a encontrar un gran apoyo.

Precisamente Paola, al ver que estaba tan mal, me dio el contacto de una amiga suya que ahora es común, Clara, que vive en Nueva York, y podía hasta viajar. Yo no entendía que pudiera ser así, pero sí, lo es. Hemos hablado mucho, ha sido y es uno de esos apoyos imprescindibles para mí, cuando una está mal la otra es ese soporte que los enfermos tanto necesitamos. Me habló por primera vez de la cúrcuma, de las vitaminas que tomaba, me habló de sus viajes, a través de sus palabras yo sentía su fortaleza. Pero también, había días que me hablaba que no podía, que tenía brotes fuertes y no se podía mover. Y hablamos mucho de las emociones, llegamos a ese punto común en el que ves claramente que ellas pueden ayudarte o destrozarte. Igual que los sentimientos cuando estamos mal, se apodera de nosotras todo lo negativo, todo lo oscuro, lo tenebroso, que parece que nos empuja a la desgracia que es vivir así. Para mí, Clara ha sido un apoyo muy grande en mis principios cuando no veía salida en el pozo. Ella fue una linterna especial con quien sigo compartiendo charlas, no solo de fibromialgia, sino también de fotografías, de Nueva York, de naturaleza, de otras muchas cosas, porque al final te das cuenta de que hay que olvidarnos un poco de ella, no darle el protagonismo de nuestra vida y que permanezca siempre la enfermedad en nuestras charlas con los demás. Así que, desde aquí, desde estas páginas, que también me animó a escribir, mil gracias, Clara, eres un ángel para mí.

Gracias a tanta gente que me ha ayudado, en especial a dos personas que me han enseñado muchas cosas, todas buenas: la calma, la aceptación, las ganas de seguir, la cara amable, pero también la peor de la fibromialgia. Los buenos consejos que tanto se agradecen en momentos horribles, los más tiernos abrazos con las palabras, porque con ellas también podemos abrazarnos, la gratitud, en definitiva: a Coral Sánchez y Yolanda Ordóñez.

Así como a Emilia, con ese gran corazón animalista que nos unió en amistad y que tanto apoyo me ha brindado desde el principio, preocupándose por mí día tras día, y dándome toda la fuerza posible desde la distancia.

Todo mi gratitud al doctor Manuel de Entrambasaguas de la Unidad del Sueño del Hospital Clínico por su inestimable ayuda, comprensión y por su empatía. Uno de los mejores doctores que he conocido en este proceso. Gracias por su profesionalidad.

Especial agradecimiento a Sol, mi terapeuta, que aunque llegó a mi vida una vez el libro estaba finalizado, me ha ayudado a mirarme hacia dentro y ser capaz de seguir hacia delante con toda la firmeza que me transmite. Sin su empuje el libro seguiría guardado en un cajón. Gracias por darme tantas herramientas y alguna «hostiopatía» verbal, que a veces es la única manera de hacer reaccionar a una persona con tantos miedos y tan aferrada al dolor como yo estaba. Gracias por enseñarme el camino para poder mirarme con otra mirada, poder aceptar la luz y el amor que hay en mí.

A mis compañeras y compañeros Kuthumis, sin el aprendizaje que me han enseñado, sin la energía que me envían para este nuevo caminar, este libro tampoco hubiera podido llegar a dar el último paso hasta la editorial. En especial, gracias a Conchi por sus palabras de fuerza en los malos momentos, ambas compartimos esta pesada compañera llamada fibromialgia.

Y a mis cuatro faros de luz que me han mantenido a flote durante el largo camino: Alejandra, Lourdes, Rosario y Susi.

BIBLIOGRAFÍA

Castro-Villalba, Pilar (2003). *Cartas a mi médico. Cuentos fibro-miálgicos*, págs. 59 y 69. Icaria Editorial, S.A.

Fisioterapia online. *Músculo Sartorio*, pág. 23. Disponible en: https://www.fisioterapia-online.com/glosario/musculo-sartorio.

Martínez Lavín, Manuel (2006). *Cuando el dolor se convierte en enfermedad*, pág. 39. Santillana Ediciones Generales S.L.

Ministerio de Sanidad, *Fibromialgia*, pág. 8. Disponible en: https://www.sanidad.gob.es/profesionales/prestacionesSanitarias/publicaciones/Fibromialgia.htm.

Organización Mundial de la Salud (OMS), 1992 reconocimiento fibromialgia, pág. 7.

Rozalén (2013). Levántate, En *Con derecho a...* Sony Music pág. 73.

The American College of Rheumatology 1990 Criteria for the Classification of Fibromyalgia, págs. 7 y 48.

Tolle Eckhart (1997). *El poder del ahora*, pág. 79.

Tolle Eckhart (1997). *El poder del ahora*, pág. 108. Meditación de Autosanación.